MÉMOIRES
HISTORIQUES ET MILITAIRES
SUR
CARNOT,

RÉDIGÉS

D'APRÈS SES MANUSCRITS, SA CORRESPONDANCE INÉDITE
ET SES ÉCRITS.

PRÉCÉDÉS D'UNE NOTICE

PAR P.-F. TISSOT.

PARIS.
BAUDOUIN FRÈRES, LIBRAIRES,
RUE DE VAUGIRARD, N° 36.

1824

MÉMOIRES

HISTORIQUES ET MILITAIRES

SUR

CARNOT.

IMPRIMERIE DE J. TASTU,
RUE DE VAUGIRARD, N° 36.

Devéria del. Couché fils direx. Villot sculp.

MÉMOIRES

HISTORIQUES ET MILITAIRES

SUR

CARNOT,

RÉDIGÉS

D'APRÈS SES MANUSCRITS, SA CORRESPONDANCE INÉDITE
ET SES ÉCRITS.

PRÉCÉDÉS D'UNE NOTICE

PAR P.-F. TISSOT.

PARIS.
BAUDOUIN FRÈRES, LIBRAIRES,
RUE DE VAUGIRARD, N° 36.

1824.

AVERTISSEMENT.

L'Ouvrage que nous publions aujourd'hui sera sans doute placé au premier rang parmi les Mémoires des contemporains, tant par les événemens et les opinions qui y sont consignés, que par le nom célèbre qui le recommande.

Nous eussions pu intituler ce volume *Mémoires de Carnot ;* la plus grande partie en effet des matériaux qui le composent a été écrite de sa main. Nous avons recueilli le reste sur ses notes, dans ses écrits, ses papiers et sa correspondance. Notre respect pour le public et pour la mémoire d'un grand homme nous a fait un devoir d'indiquer dans le titre même de l'ouvrage les sources authentiques où nous avons puisé, et de revendiquer ici la responsabilité de ce que l'ouvrage pourrait avoir de faible et d'imparfait, en laissant à Carnot le mérite et la gloire de ce qu'il y a d'utile et d'honorable dans les Mémoires historiques et militaires.

NOTICE

SUR

CARNOT.

Carnot n'est point l'un des auteurs de la révolution ; il ne l'a point faite ; peut-être même ne l'a-t-il ni désirée ni prévue, mais il l'a embrassée dès sa naissance, avec l'ardeur d'une ame généreuse et les espérances d'un ami des hommes. Étranger aux grands mouvemens de 1789, il n'en a pas moins joué l'un des premiers rôles dans le drame politique qui dure depuis cette époque jusqu'à nos jours, et dont les esprits les plus pénétrans ne sauraient encore prévoir le dénouement, quoique le cinquième acte soit commencé. Sans la révolution, Carnot n'aurait été qu'un profond mathématicien, un ingénieur du premier ordre. Son savant Essai sur les machines en général, ses belles théories sur l'art de la guerre, et particulièrement sur la défense des places, auraient fait reconnaître en lui un digne élève du célèbre Monge, un émule des Vauban et des Catinat. Mais, suivant toute apparence, et malgré sa réputation européenne, on ne lui aurait jamais confié, comme à Boufflers ou à tel autre patricien, le salut de l'un des boulevarts de l'empire français. Admis avec empressement par l'Académie des sciences, nous l'eussions vu siéger à côté de son illustre maître, et enrichir son pays par des découvertes que l'étranger aurait peut-être adoptées avant nous (*). Environné de

———

(*) On lit aujourd'hui (10 août 1824) dans le *Constitutionnel* l'article suivant tiré du Courrier :

On doit faire à Woolwich, sous l'inspection immédiate du grand-maître de l'artillerie, une expérience

considération, fidèle à la simplicité des mœurs antiques, jaloux de l'estime et non pas ambitieux de faire du bruit, cher à ses collègues comme à sa famille, il serait mort avec la réputation d'un écrivain distingué par de profondes connaissances, d'un militaire capable de s'élever jusqu'au génie dans ses créations, d'un homme de bien, poli par le commerce du monde et la culture des lettres. Toutes les sociétés savantes, fières de l'avoir adopté, auraient célébré ses travaux; et l'on n'aurait pas entendu la plus légère restriction, au milieu de ce concert d'éloges unanimes. Les évé-

---

intéressante, à laquelle les principaux ingénieurs et les savans militaires de l'époque actuelle ont été invités d'assister. Il s'agit de s'assurer de l'importance d'une nouvelle invention du comte Carnot dans l'art de la fortification, qui, si la pratique répond à la théorie, rendrait un ouvrage imprenable, au moyen d'une muraille construite dans le fossé, de manière à ce qu'une brèche devînt impossible.

nemens préparaient à Carnot une autre destinée : l'officier qui, dans l'ancien régime, n'aurait pas pu triompher peut-être des résistances d'un corps justement célèbre, mais trop attaché, comme tous les corps, aux idées reçues, devait aider son pays à triompher de toutes les forces et de toutes les renommées militaires du continent ; l'ingénieur condamné à parvenir lentement aux grades supérieurs, devait être membre d'un gouvernement qui briserait toutes les résistances de l'Europe conjurée contre un seul peuple, et subir les conséquences d'une situation si terrible.

Carnot avait applaudi aux travaux de l'Assemblée constituante; nommé membre de la première législature, il se trouvait, par son amour de l'ordre, par ses principes politiques, par son caractère, dans les dispositions les plus heureuses pour remplir les fonctions d'un député.

Il voulait sincèrement la constitution de 1791, et crut, avec la majorité des Français, à la durée du nouvel édifice politique. Carnot, quoique doué d'un esprit supérieur, à plusieurs égards, n'avait point en politique une prévoyance égale à ses lumières. Accoutumé aux études positives, ayant plus étudié les sciences que les hommes, étranger aux intrigues des cours et aux secrets des factions, il ne voyait, dans les événemens et dans les cœurs, ni aussi loin ni aussi avant qu'on aurait pu le supposer. Ce fut toujours là son côté faible, même alors, qu'après avoir manié les plus grandes affaires, et montré de l'habileté dans la manière de les conduire, il avait eu le temps d'acquérir l'expérience qui fait deviner les conséquences plus ou moins éloignées du présent et du passé. Cette observation n'a rien d'étonnant et ne saurait affaiblir la réputation de Carnot. On a pu rencontrer, dans le cours de la révolution, des hommes d'un véritable génie, dont la vue était bien plus courte que la sienne. Absorbés dans les hautes méditations qui avaient occupé toute leur existence, ils avaient si peu le don de pénétrer l'avenir, que leur esprit vivait au jour le jour et ne devançait jamais le lendemain. Mais si Carnot partagea l'erreur générale, il ne tarda point à reconnaître, à des signes trop certains, que le nouvel ordre politique renfermait en lui-même les principes de sa ruine, et que les causes les plus actives travaillaient, comme de concert, à précipiter une catastrophe inévitable. Patriote sincère, il éprouva des alarmes et de l'affliction en renonçant, malgré lui, à l'espérance de voir toutes les opinions, tous les pouvoirs réunis, pour fonder à jamais la liberté dans cette belle France qui souhaitait ardemment de substituer le règne des sages lois à celui des volontés absolues.

Un orage se formait sur l'horizon politique, les dangers étaient imminens; mais, quoi qu'il pût arriver, Carnot se serait toujours trouvé déplacé dans une insurrection; aussi ne le vit-on figurer, ni au 10 août, ni dans aucun mouvement populaire. La pensée de renverser un gouvernement établi eût effrayé sa sagesse et même son audace; tenter tous les moyens de le conserver, avant d'en essayer un nouveau, était la maxime fondamentale de sa politique. Si donc la constitution de 1791 avait eu la force de se soutenir, personne n'aurait contribué, avec plus de zèle et de succès que lui, à son affermissement. Le roi et la nation pouvaient s'entendre pour la maintenir; les grands, la cour et le haut clergé voulaient la renverser : voilà le secret de sa chute. Alors parurent au grand jour les périls de la France; cachés jusqu'à ce moment dans un nuage qui planait au-dessus de nos têtes, ils éclatèrent à tous les yeux. Carnot voulait, avant tout, l'indépendance de la patrie : il vit approcher, sans crainte, le moment de se dévouer pour elle, en l'arrachant à la honte et au malheur d'une invasion étrangère, le plus grand des fléaux qui puissent tomber sur un peuple. Mais bien loin de soupçonner en lui un génie particulier; loin de prévoir qu'il fût l'un des hommes extraordinaires que la nécessité, mère des grandes choses, allait susciter pour le salut et la gloire de la France, il ne pensait qu'à offrir ses services comme un simple citoyen, ou à rentrer dans la vie privée, si les circonstances le permettaient. Cependant, il avait eu déjà plusieurs occasions de faire connaître, dans les comités de l'Assemblée, par ses propositions pour la défense commune, et aux armées, par ses missions, ce qu'on pouvait attendre de ses connaissances, de ses talens et de sa fermeté, tempérée par une douceur qui ne fut jamais de la faiblesse.

La Convention nationale s'assemble; et, presque sous le canon de l'ennemi, elle improvise une république sur les ruines encore fumantes du trône. Ce genre d'audace étonna peut-être Carnot, dont l'enthousiasme n'était pas le caractère dominant. Une monarchie constitutionnelle eût suffi à ses vœux; mais, ni ses goûts, ni ses mœurs ne répugnaient au gouvernement républicain. Il avait même les deux premières vertus que ce gouvernement impose, le désintéressement et l'abnégation de tous les intérêts personnels. Il n'eût point demandé la république dans un temps d'exaltation; il l'adopta volontiers comme une institution consacrée par de grands souvenirs, et se trouva, sans peine, en harmonie avec elle.

Semblable, sous ce rapport, à Turenne qui s'oubliait presque toujours dans le récit des plus mémorables victoires, Carnot avait tant de modestie, il faisait si peu retentir ses plus importans services, qu'à peine si les contemporains se rappellent ses missions aux armées de réserve et du Rhin, sur les frontières de l'Espagne, et enfin à l'aile gauche de l'armée du Nord, où on le vit marcher en tête de nos troupes, et armé comme un simple soldat, enlever de vive force la ville de Furnes, occupée par les Anglais. Jusqu'ici Carnot n'est à nos yeux qu'un militaire habile, un Français dévoué à son pays; rien n'annonce en lui la haute influence qu'il doit exercer. Au moment d'obtenir l'une des plus grandes renommées du siècle, il ignore la brillante destinée qui va commencer pour lui; il n'a point de pressentiment de son avenir; peut-être même la conscience de ses forces lui manque-t-elle, parce qu'il est exempt de toute ambition, de cet utile et dangereux levain qui fait fermenter et grandir les vertus, les talens, et surtout les vices des hommes extraordinaires. Tout-à-coup la conjuration de l'Europe oblige la Convention à former, dans son sein, un gouvernement proportionné par sa force à la grandeur des périls de la France, et le même génie qui créait pour elle des Jourdan, des Hoche, des Pichegru, des Moreau, dans les derniers rangs de l'armée, choisit Carnot pour diriger ces émules de nos grands capitaines.

La levée des trois cent mille hommes, les premiers désastres de la Vendée, la défection de Dumouriez, la retraite ou plutôt la dissolution de l'armée du Nord, conséquence funeste de cette défection, furent des malheurs très-menaçans pour la république naissante; mais peut-être n'y eut-il jamais de circonstance plus critique et plus dangereuse que celle, où Cobourg, retranché, de la manière la plus formidable, dans la forêt de Mormale, formait, avec soixante mille hommes, le blocus de Maubeuge, la seule place qui pût l'empêcher d'arriver, en vainqueur, sous les murs de Paris. Toute la France proclame encore, avec enthousiasme, le nom du général Jourdan, qui rendit par la victoire de Watignies un service immortel à son pays ; mais il a fallu la mort de Carnot, pour qu'une révélation posthume vînt nous apprendre, qu'après avoir proposé au comité l'entreprise hardie d'attaquer l'ennemi, dans une position presque inexpugnable, il eut encore l'honneur d'assurer la victoire par ses avis dans le conseil, et par ses exemples sur le champ de bataille. Quiconque porte un cœur français, a conservé le souvenir des alarmes qu'il ressentit alors pour la patrie, et doit payer, jusqu'à son dernier jour, un tribut de reconnaissance à Carnot pour cette journée. On voit avec plaisir Napoléon vainqueur se rappeler, en 1807, le déblocus de Maubeuge, et envoyer de Schœnbrun une pension à Carnot, comme la récompense d'un grand service rendu à la nation. Sans doute, par un retour naturel sur lui-même, l'homme de Castiglione et de Rivoli, le général d'Austerlitz et de Friedland, se disait tout bas : « Sans Carnot peut-être, point » de Bonaparte et de Napoléon. » Effectivement une défaite à Watignies et la chute inévitable de Maubeuge, après celle de son camp retranché, eussent changé l'ordre des événemens; la république aurait péri l'année même de sa naissance; et l'Alexandre et le César du siècle serait mort capitaine d'artillerie au service du roi de France et de Navarre.

Le but de sa mission rempli, Carnot rentre au comité de salut public pour n'en plus sortir, qu'après la défaite de toutes les armées de la coalition. Dès ce moment il paraît un autre homme ; son caractère prend une énergie de résolution qu'il n'avait jamais eue au même degré; sa volonté devient une puissance, parce qu'elle est une force; ses ordres sont exécutés avec fidélité, parce qu'ils portent le cachet du génie et de la prévoyance; il emprunte au gouvernement, dont il fait partie, une impulsion à laquelle rien ne résiste ; un vaste plan d'opérations militaires se combine et se déroule dans sa tête ; il en coordonne les diverses parties, et devient, en quelque sorte l'ame des quatorze armées que la révolution oppose aux efforts de la confédération européenne. Sans doute l'enthousiasme de la liberté produisit des miracles; sans doute le peuple français fut digne, par son dévouement, des plus sublimes exemples de l'antiquité,

Austère comme un Spartiate, dévoué comme un Romain, et cependant toujours fidèle au caractère national, alors un soldat français était plus qu'un homme : l'Europe a vu proclamer cette vérité, par la défaite des vieilles légions de Frédéric II et du maréchal Dawn. Mais ces justes considérations n'ôtent rien au mérite de Carnot; au contraire, elles rehaussent singulièrement les travaux qui lui assurent un nom dans l'avenir.

Il faut avoir vu cette époque; il faut se rappeler comment la brillante invasion de la Belgique fut suivie des revers qui mirent nos places fortes entre les mains de nos ennemis, et produisirent d'abord une consternation générale; il faut se remettre, devant les yeux, la capitale menacée une seconde fois, mais d'une manière bien plus sérieuse encore que lors de l'invasion en Champagne; il faut avoir jugé de près l'état d'anarchie dans laquelle une guerre civile, comme celle de la Vendée, précipite à la fois et le peuple des contrées qu'elle envahit tout-à-coup, et les légions improvisées qui doivent combattre des bandes enflammées par le fanatisme; il faut avoir visité les frontières de la Moselle ou du Rhin au moment où, après nous avoir enlevé Mayence, les armées ennemies occupaient les lignes de Wissembourg; il faut avoir présente à la mémoire une autre guerre civile, allumée dans le Midi, et la profonde agitation d'une masse de vingt-cinq millions d'hommes, qui se sentent enveloppés de trahison, de périls de toute espèce, condamnés à tant d'épreuves et de sacrifices; il faut avoir vu l'état d'exaltation qui régnait en France, dans les plus petits hameaux comme dans les plus grandes cités; il faut enfin rassembler toutes ces choses dans sa mémoire, et se les représenter avec les couleurs du temps, pour sentir la grandeur des efforts qu'a dû coûter la nécessité de régulariser les mouvemens d'une nation qui servait d'arrière-garde à une armée de douze cent mille hommes. Un petit peuple retranché dans les montagnes, comme les Grecs, et enflammé par l'enthousiasme politique ou religieux, peut triompher des Ottomans, ainsi qu'il a jadis triomphé des armées des rois de l'Asie. Une grande nation répandue sur un vaste territoire, ouvert de toutes parts comme le nôtre, peut succomber malgré son courage, si ses forces ne sont point dirigées avec ensemble et vigueur. Tel était le péril auquel nous étions exposés après nos défaites de la Belgique. Le désordre et l'anarchie étaient à leur comble : Chacun prenait conseil de soi-même ; et de là une prodigalité de moyens, une irrégularité de mouvemens, un mauvais emploi des ressources qui auraient produit les plus grands désastres. Le peuple et les armées reçurent une impulsion régulière ; ces deux grandes forces devinrent des instrumens dociles entre ses mains puissantes, et la France fut sauvée. La gloire de Carnot est d'avoir contribué, plus que personne peut-être, à ce grand résultat, par son génie militaire et par la connaissance approfondie du caractère des généraux et des soldats auxquels il s'adressait.

Lorsque, sous Louis XIV dégénéré, les ministres voulurent diriger la guerre du fond de leur cabinet, une suite de revers affligeans et honteux firent expier à la France les prétentions et l'incapacité des faibles successeurs de Louvois. Carnot conçut, prescrivit, dirigea de Paris les plus grandes entreprises, depuis la Sambre et le Rhin, jusques sous les murs de Toulon, depuis le sommet des Alpes jusqu'à celui des Pyrénées ; la sagesse de ses plans, la prudence de ses mesures, la hardiesse de ses conceptions, fondée sur l'habitude de parler à des soldats capables de tout entendre et de tout exécuter, n'ont rien qu'on puisse leur comparer, si ce n'est la prévoyance et la précision de ses ordres : on eût dit souvent qu'il avait eu communication des plans de campagne des ennemis, tant il était habile à prévoir leurs moindres mouvemens. Non-seulement il ordonnait de vaincre, mais il disait encore comment et dans quel lieu on devait vaincre. La bataille de Wattignies, qui sauva la capitale; la reprise des quatre places du Nord; nos victoires sur les bords de la Lys et de l'Escaut; nos triomphes sur la Sambre tracés d'avance, dans l'arrêté qu'il fit prendre dans le comité de salut public, pour déterminer le plan de la campagne de 1794, sont autant de preuves irrécusables de son génie. J'ai vu arriver des dépêches de Carnot à l'armée du Rhin et à celle de la Moselle, et presque toujours on a réussi en suivant ses avis. Quelquefois la fougue française en outrepassait les limites par des prodiges; mais rarement on manqua d'être puni, en s'écartant de sa pensée fondamentale.

La victoire resta sous nos étendards, tant que Carnot fit partie du comité de salut public; à sa retraite de ce comité, elle ne tarda point à nous devenir infidèle. On le consultait encore, mais on ne pouvait emprunter ni ses lumières, ni ses talens, ni sa régularité dans le travail, ni son ascendant sur les généraux. Tous avaient confiance en lui; et ce sentiment uni à la force du temps, qui mettait un frein salutaire aux ambitions rivales, et s'opposait à ce penchant presque irrésistible du pouvoir militaire pour la désobéissance et l'insubordination, produisit des effets incalculables. Ainsi nous eûmes de grands généraux et pas un rebelle; ainsi des talens du premier ordre n'exposèrent point la France aux dangers trop communs de dissensions entre les chefs des armées destinées à exécuter un vaste plan. On peut tracer en peu de mots le rôle de Carnot dans le comité de gouvernement. Uniquement occupé des affaires de la guerre et du salut de la France, il était le général de toutes les armées de la république: ne lui demandez rien de plus. On espéra pourtant lui faire expier par la mort ou la déportation les triomphes de la patrie.

Carnot, devenu directeur, offre un nouveau sujet de réflexions à l'observateur. Ce membre du comité de salut public se déclarant modéré, sous la constitution de l'an III, nous révèle son caractère que l'on n'avait pu méconnaître, même dans un temps où la révolution exerçait une si puissante influence sur les esprits. Naturellement calme, il craignait l'exaltation, au point d'adopter les hommes qui penchaient vers des opinions qu'il ne partageait pas. De-là, ses préférences marquées pour Pichegru et Moreau, dont les talens répondaient d'ailleurs à sa manière de concevoir la guerre.

Il paraît, d'après toutes les traditions, que Bonaparte avait une haute estime pour Carnot, qui, de son côté, revendique l'honneur de l'avoir mis à la tête de l'armée d'Italie; j'ignore quelle part le membre du Directoire eut aux brillantes campagnes du nouveau général; mais je le retrouve encore à la tête de toutes les opérations militaires pendant toute cette époque. Carnot se montra irréprochable au Directoire comme au comité de salut public, sous le rapport de l'intégrité; en politique, on lui a reproché des fautes. Sincèrement attaché à la constitution de l'an III, désirant la soutenir de toutes ses forces, mais aveuglé par des préventions, aigri par des injustices qui le rendirent injuste à son tour, même envers de vrais citoyens qu'il avait aimés, qu'il ne pouvait s'empêcher d'estimer au fond du cœur; il jugea mal des projets dangereux et qui frappaient les yeux des moins clairvoyans. La marche qu'il avait adoptée alarma ses partisans les plus sincères; ils craignirent de le voir perdu pour la cause qu'il avait défendue jusqu'alors avec eux. N'ayant pas vu la réponse de ses adversaires aux assertions contenues dans un écrit qu'on peut regarder comme une espèce d'accusation, je ne me permettrai pas de prononcer entre lui et ses anciens collègues; je dirai seulement que l'un d'eux vient de mourir en laissant la réputation d'un homme de bien, et chéri de savans distingués, en qui Carnot reconnaissait avec plaisir une simplicité de mœurs tout-à-fait d'accord avec ses penchans. Personne dans la révolution n'eut des intentions plus pures que celles de Carnot ; sa politique ne fut pas toujours assez clairvoyante ; et malheureusement la conscience qu'il avait de sa probité, donnait un certain entêtement à ses erreurs. Parvenait-on à l'en convaincre, il se rendait de bonne foi ; mais trop souvent ses yeux ne furent dessillés que par l'événement que de moins habiles que lui avaient prévu.

Carnot quittant le ministère sous le consulat, parce qu'il aperçoit les traces d'un système contraire à la liberté ; parlant seul au tribunat contre l'érection de l'empire ; rentrant avec joie dans sa retraite, et prenant un singulier plaisir à n'être plus qu'un membre de l'académie des sciences, mérite autant de fixer les regards par la simplicité de sa vie, que par le courage qu'il avait montré au milieu des transports contagieux de cette lâcheté politique, qui s'allie dans quelques personnes, avec le plus brillant courage dans les combats. Le tribunat fut pour Carnot un théâtre de gloire. Il y prouva, devant la France et l'Europe, la sincérité de ses sentimens et la noblesse de son caractère. Carnot, quoique long-temps disgracié, ou du moins entièrement oublié par Napoléon, suivait, en observateur attentif, en admirateur même, le cours des triomphes inouis du grand capitaine qu'il n'avait pas voulu couronner. La fortune nous trahit; le moment du danger revient pour la France; Carnot regarde la patrie, propose son épée à Napoléon, et court défendre la ville d'Anvers, en jurant de ne jamais céder, ni aux armes, ni aux séductions de l'étranger; il tient parole. Les lettres même des généraux ennemis attestent la haute estime dont il jouissait en Europe. Sa conduite dans Anvers montre en lui un général habile, un administrateur éclairé, et un homme qui sait s'attacher tous les cœurs par la réunion si rare des vertus civiles avec les vertus militaires. La ville d'Anvers gardera éternellement le souvenir de son illustre et sage défenseur.

Carnot se montra encore digne de Carnot pendant les cent jours. Il est curieux d'apprendre de lui-même, dans ses Mémoires, les motifs qui le déterminèrent à reparaître sur la scène. Il ne consulta encore que les intérêts de la France, et résolut de lui offrir un dernier sacrifice. Carnot craignait par-dessus tout l'humiliation et les malheurs d'une seconde invasion; il voulait en préserver son pays. Nous voyons toujours en lui l'homme de la patrie. Il donna vainement des conseils de liberté à Napoléon; il ne craignit jamais de dire la vérité au chef de l'État; seulement il eut, pour une grande renommée aux prises avec un grand péril, la pudeur de mettre de la mesure dans ses paroles.

Seul de tous les ministres de Napoléon, Carnot se trouva sur la liste du 24 juillet, à laquelle Fouché présida, comme ministre de la police, pendant l'occupation de la capitale par les étrangers. Le vertueux exilé quitta la France avec douleur, mais sans faiblesse. En Pologne, en Russie, on lui fit les offres les plus brillantes; mais, fidèle au serment de ne jamais servir contre son pays, il se contenta de recevoir des marques de l'estime générale qui lui ont été prodiguées par les citoyens et les soldats, par les généraux comme par les princes. L'empereur de Russie, le grand-duc Constantin et le roi de Prusse n'ont cessé de lui témoigner une estime particulière, noble compensation de l'ostracisme, accordée à un citoyen par des rois. Conservant toujours la dignité de son caractère, ce vrai citoyen, ce Français qui faisait honneur à son pays, n'a donné aucun signe de faiblesse, soit au temps de ses malheurs, soit au moment de quitter la vie, sans espérer que ses cendres du moins seraient déposées dans la terre natale.

Tel fut Carnot: si la postérité ne le met pas au nombre de ces grands hommes, qui n'apparaissent qu'à de longs intervalles dans le cours des siècles, elle le placera au rang des plus grands citoyens; elle dira que doué des vertus de Wasingthon, avec des talens d'un ordre plus élevé que ceux de ce général, il eût été digne d'obtenir, pour récompense, l'honneur de présider aux destinées de la paisible république des États-Unis.

P.-F. Tissot.

MÉMOIRE

HISTORIQUE ET MILITAIRE

SUR

CARNOT.

―――――

Lazare – Nicolas – Marguerite CARNOT naquit le 13 mai 1753, à Nolay, chef-lieu de canton du département de la Côte-d'Or. Son père, homme d'un mérite supérieur, ayant dix-huit enfans et ne jouissant que d'une modeste fortune, se chargea seul des soins qu'exigeait leur première éducation; il ne négligea rien pour la leur donner telle qu'ils eussent pu la recevoir des maîtres les plus habiles; il avait été lui-même élevé par un de ses oncles, docteur en Sorbonne, vicaire-général. M. Carnot fit de bonne heure germer dans le cœur de ses enfans des principes de morale et de piété, véritables bases d'une instruction générale, propre à tous les états qu'ils pourraient plus tard embrasser. Il dirigea ainsi leurs études premières, jusqu'aux humanités que le jeune Carnot fit au collége d'Autun, où il fut atteint, presque à son arrivée, d'une petite-vérole maligne qui lui fit perdre beaucoup de temps; il ne se fit pas moins remarquer pour un des rhétoriciens les plus distingués.

Il n'en sortit que pour entrer au petit séminaire de la même ville, établissement regardé alors comme le meilleur de la province pour l'enseignement de la philosophie.

Il manifesta un penchant décidé pour l'étude des sciences abstraites; son père qui connaissait son goût pour le service militaire, l'envoya à Paris, à l'âge de seize ans, dans une des écoles spéciales établies pour l'instruction des jeunes gens destinés aux services du génie, de l'artillerie et de la marine.

Carnot s'y fit constamment distinguer par un ardent amour de l'étude; les heures données à la récréation lui semblaient insupportables ; souvent il fut puni pour s'y être soustrait ; et lorsqu'on le forçait de s'y soumettre, il conservait un air préoccupé et rêveur.

Les railleries de ses camarades ne tardèrent point à lui faire apercevoir que tous n'avaient pas, à beaucoup près, une piété aussi fervente que celle à laquelle il s'était accoutumé pendant le temps de ses études ; il se proposa dès-lors d'examiner et d'apprécier par lui-même ces pratiques auxquelles il ne pouvait se dissimuler qu'il avait été entraîné sans réflexion, dès sa plus tendre enfance. Il se détermina, en conséquence, à partager dorénavant son temps entre l'étude des mathématiques et celle de la théologie (1).

L'une, par ses preuves rigoureuses, satisfaisant beaucoup mieux que l'autre son esprit géométrique, l'on remarqua bientôt en lui de grands changemens : il employa toutefois environ dix-huit mois à ces deux études abstraites. Ayant été admis dans le corps du génie, après un examen brillant, il se rendit à l'école de cette arme établie à Mézières. Il en suivit assidument, pendant deux ans, les divers exercices avec la même application qu'il avait toujours montrée.

Outre l'art des fortifications, il cultiva particulièrement, sous le célèbre Monge, alors professeur à cette école, les diverses sciences naturelles, la physique, la chimie, etc.; mais il s'appliqua surtout à l'étude des hautes mathématiques pour lesquelles il s'affectionnait davantage, à mesure qu'il y faisait plus de progrès.

A sa sortie de l'école du génie, il fut envoyé à Calais, comme à une seconde école pratique, pour y suivre les travaux militaires et hydrauliques de cette place importante. Ses fonctions obligées, loin de le détourner de ses études favorites, lui fournirent l'occasion d'en faire d'heureuses applications, en soumettant habilement au calcul et à l'analyse une multitude de données qui n'en auraient pas paru susceptibles à beaucoup d'autres.

Déjà germaient dans sa tête de nouvelles combinaisons ; mais il s'aperçut bientôt qu'elles étaient mal accueillies par des chefs qui, après avoir passé leur vie à apprendre, de leur art, tout ce qui en avait été découvert avant eux, paraissaient penser que cet art ayant réellement atteint son plus haut point de perfection, il était impossible de lui faire faire un pas de plus, et qui ne permettaient pas qu'on s'en occupât, tant par amour-propre que peut-être par esprit de corps et par intérêt personnel. Le corps du génie de France passait, en effet, depuis Vauban, pour le corps militaire le plus instruit de l'Europe ; admettre quelques modifications à ses doctrines, eût été avouer tacitement qu'il pouvait être surpassé ; et une fois cette barrière franchie, il était impossible de prévoir où l'on pourrait s'arrêter.

Il n'en est pas des découvertes sur lesquelles un corps est déclaré le seul juge compétent; comme de celles qui restent dans le domaine public; les premières, quelqu'heureuses et importantes qu'elles soient, peuvent être rejetées, tandis que les autres ne manquent jamais de se faire jour par leur propre mérite. Si donc un corps quelconque a intérêt à repousser tout changement, toute amélioration, il n'en adoptera jamais et, l'art restera stationnaire : c'est à peu près ce qui est arrivé à celui des fortifications depuis le maréchal de Vauban. Avant ce grand homme, l'art de la défense, tout imparfait qu'il fût, l'emportait néanmoins de beaucoup sur celui de l'attaque; mais, d'après les procédés de Vauban, l'art de l'attaque est devenu tellement supérieur à celui de la défense, qu'à moins de cas extraordinaires, on peut calculer d'avance le jour et presque l'heure où une place sera forcée de se rendre.

C'est cependant la défense qui est le but réel des fortifications : ce but est donc, en très-grande partie, manqué depuis les découvertes de Vauban : et affirmer que cet art a atteint son dernier période de perfectionnement, n'est-ce pas en proclamer soi-même la plus grande de toutes les imperfections ?

Carnot, dès son entrée dans la carrière, fut loin de partager une semblable opinion ; et l'on verra par la suite qu'à mesure qu'il acquit plus d'expérience, il se confirma dans l'idée que la défense peut aisément acquérir sur l'attaque une prépondérance aussi grande et peut-être plus grande encore que celle qui lui était reconnue avant les découvertes de Vauban.

Tel est le procès qui a duré si long-temps entre Carnot et certains chefs influens de son corps, procès qui peut durer encore bien des années, puisqu'il n'a d'autres juges qu'une des parties intéressées ; à moins qu'une fatale expérience ne nous fasse exporter de l'étranger des procédés découverts en France, mais qu'il aura su mieux apprécier que nous, parce qu'il en aura jugé avec plus d'impartialité. Déjà, dans plusieurs parties de l'Europe, et notamment sur nos frontières, il se met en mesure d'en profiter.

Quoi qu'il en soit, l'on ne peut se dissimuler qu'il faut réellement un esprit et un désintéressement supérieurs, pour consentir à admettre des doctrines nouvelles que l'on juge devoir battre en ruine tout ce que l'on a appris, avec tant de peine, pendant tout le cours de sa vie, et sur quoi on se plaisait à compter pour accroître sa réputation. Est-il bien certain qu'en ce sens, malgré le génie de Descartes, son amour-propre se fût aisément plié à adopter, sans contestation, les immortelles découvertes de Newton ? Les hommes sont tels en général, que leurs habitudes et leurs préjugés enracinés ont toujours été le fléau le plus terrible de toute espèce d'amélioration.

Galilée en fit la triste expérience ; combien d'autres comme lui n'en ont-ils pas été les victimes ? Faudra-t-il donc toujours, pour conserver sa tranquillité, quelquefois même son existence, imposer à son génie des bornes qu'il voudrait franchir?....

Les recherches de Carnot et ses nouvelles combinaisons, ne lui obtinrent donc de la part de ses chefs aucun encouragement; il ne tarda même pas à se convaincre qu'ils commençaient à le considérer comme un novateur qui pourrait devenir un jour dangereux pour leur quiétude. Ce fut pour lui le germe de plusieurs désagrémens qu'il eut à éprouver dans le cours de sa carrière militaire, ces mêmes hommes étant devenus près du gouvernement les arbitres de son sort : aussi fut-ce vainement qu'il adressa, en diverses circonstances, plusieurs mémoires au ministère de la guerre; ces mémoires ne servirent qu'à affermir ses supérieurs dans leur opinion, sur les inconvéniens qui pourraient résulter pour eux, de prêter la main à un changement quelconque.

Plusieurs écrivains ont affirmé que Carnot avait eu un avancement rapide qu'il avait dû à la protection du prince de Condé ; mais il est notoire qu'il ne parvint jamais, dans son arme, qu'à son rang d'ancienneté. L'on verra plus tard que cette fable a été inventée dans l'intention de faire planer sur lui un reproche d'ingratitude, dans l'exercice rigoureux de ses fonctions politiques.

C'est dans le même esprit que certains écrivains l'ont accusé de s'être élevé contre les rois, dans sa réponse à Bailleul, lors de sa proscription au 18 fructidor ; quand, disaient-ils, il ne devait la tranquillité dont il jouissait dans son exil qu'à l'extrême bienveillance des souverains. Pendant toute la durée de cette proscription, il n'a jamais cessé de conserver le plus stricte incognito, et d'ailleurs il n'a habité que des contrées républicaines ; d'abord Genève, puis quelques cantons de la Suisse et Nuremberg, d'où il n'est rentré en France qu'après le 18 brumaire : c'est cependant ainsi que la passion et l'ignorance écrivent l'histoire !...

Carnot trouva dans l'étude d'amples compensations aux désagrémens qu'on lui faisait essuyer : il chercha un nouvel aliment à sa laborieuse activité, dans la tâche qu'il s'imposa d'achever l'instruction d'un de ses frères qui se destinait, comme lui, au service dans l'arme du génie; il lui fit faire des progrès si rapides, qu'en moins de six mois il le mit à même de concourir avec les nombreux élèves qui suivaient les cours spéciaux des professeurs de Paris, depuis plusieurs années : il eut la satisfaction de voir couronner immédiatement ses efforts par le plus brillant succès.

Plusieurs années s'écoulèrent ensuite sans qu'il cessât de cultiver assidument l'étude des sciences, à laquelle son ardente imagination lui fit bientôt joindre, comme un délassement, celle des lettres.

L'académie de Dijon avait mis au concours, avec un double prix, l'éloge du maréchal de Vauban; Carnot pensa qu'étant le compatriote, et, par ses études ainsi que par son emploi, un des élèves et des successeurs de ce grand homme, il ne pouvait mieux faire l'essai de ses talens qu'en les consacrant à sa gloire. Il y fut encore déterminé par la haute estime qu'il avait conçue pour la plupart des savans et des littérateurs qui devaient être ses juges, pour une académie célèbre qui avait eu le courage de décerner le prix à J. J. Rousseau sur une question où il avait fallu s'élever au-dessus des préjugés et de tout esprit de corps.

Le travail de Carnot fut couronné, avec le plus grand éclat, pendant la tenue des Etats de la province dont était gouverneur le prince de Condé ; il reçut le double prix des mains du prince, qui, dans ce jour solennel, présidait l'Académie. Celui-ci ayant paru flatté du remerciment de Carnot, on supposa qu'il se ferait un plaisir de protéger un jeune officier né dans son gouvernement ; mais Carnot n'eut jamais depuis aucune relation avec ce prince.

Cet éloge de Vauban parut à Dijon en 1784, et commença sa réputation dans le monde savant et littéraire. Le nombre des concurrens dont il avait triomphé, et les principes philosophiques qui étaient répandus dans son ouvrage devaient nécessairement lui susciter des critiques; il crut toutefois ne devoir répondre qu'à celle qui fut adressée à l'Académie de Paris par M. Choderlos de Laclos, connu par son roman *des Liaisons dangereuses*; et il y répondit d'une manière victorieuse. Un de ses concurrens, quoique frustré dans ses espérances et blessé dans son amour-propre, n'en rechercha pas moins son amitié; ce fut M. Maret, devenu depuis ministre plénipotentiaire, secrétaire d'État, duc de Bassano.

Cet ouvrage lui mérita les plus honorables suffrages (2), et put faire présager d'avance ce que l'auteur pourrait devenir s'il se trouvait jamais dans des circonstances propres à déployer son caractère et son génie.

Le prince Henri, frère du grand Frédéric, qui se trouvait à Dijon à cette époque, lui fit directement les offres les plus séduisantes, pour l'engager à accepter du service en Prusse; mais il avait déjà pour principe que tout citoyen se doit à sa patrie, et que surtout il ne peut jamais s'exposer, quelque avantage personnel qu'il puisse en tirer, à porter les armes contre elle. Depuis sa dernière proscription, il est resté fidèle à ce grand principe inné dans son cœur; il eût pu cependant accepter à l'étranger les emplois les plus éminens et concevoir l'espérance de se venger; mais il avait blâmé trop hautement la conduite des transfuges, notamment celle d'un général d'une haute distinction, que dans un temps il appelait *son cher Fabius*, pour jamais avoir la pensée de l'imiter : il aima mieux mourir pauvre et isolé, loin d'une patrie qu'il idolâtrait, que de porter, d'une main sacrilége, les armes contre elle, et de lui susciter des ennemis.

Son éloge de Vauban et plusieurs mémoires qu'il adressa depuis à l'académie de Dijon, lui en ouvrirent les portes en 1784 : il était déjà membre ou correspondant de plusieurs autres sociétés savantes et littéraires, tant en France qu'à l'étranger ; il avait depuis long-temps fait paraître des pièces de vers agréables, consignées dans les journaux de cette époque, et notamment dans l'Almanach des muses ; ces diverses pièces et un grand nombre d'autres ont été réunies dans un recueil publié à Paris, en 1820 ; d'autres l'ont été depuis à Leipsig ; un plus grand nombre est resté inédit jusqu'à ce jour.

En 1783, il avait fait paraître son premier ouvrage de mathématiques, intitulé : *Essai sur les machines en général*, qui fut recherché et traduit en plusieurs langues ; cet ouvrage réimprimé en 1786 n'était en quelque sorte qu'une introduction à beaucoup d'autres dont il avait jeté les bases et dont il s'occupait lorsque la révolution éclata et le força, malgré lui, à les ajourner.

S'étant toujours spécialement adonné à la partie militaire, aux sciences abstraites et à la littérature, Carnot n'avait pas fait une étude particulière de la politique et de l'art de gouverner les hommes, science presque toujours vaine, et souvent dangereuse, sous un gouvernement absolu, pour celui qui s'en occupe sans y être appelé : ce que ses auteurs classiques lui en avaient appris, le fruit qu'il avait tiré de la lecture attentive des meilleurs historiens et des publicistes les plus célèbres, avaient suffi pour contenter sa curiosité naturelle et lui donner, sur cette importante matière, une opinion qui, quoique vague, ne demandait qu'une occasion favorable pour se fixer.

L'indépendance de l'Amérique, conquise et assurée par le secours de nos armes, avait fortement électrisé la nation, et dès-lors mille plans d'amélioration politique avaient germé dans toutes les têtes ; c'était le sujet de toutes les conversations : les troupes, à leur retour de l'autre hémisphère, étaient flattées de s'entendre nommer *les soldats de la liberté*; une étincelle pouvait, d'un moment à l'autre, causer un embrasement universel; et loin de s'apprêter à en éteindre les brandons, chacun paraissait ne s'occuper qu'à s'en saisir pour détruire ses rivaux.

Le peuple espérait une amélioration dans son sort, les grands se flattaient de reconquérir de prétendus droits que depuis long-temps ils s'étaient vus forcés d'abandonner; la cour ne demandait qu'à conserver son pouvoir et accroître ses jouissances : elle éprouva des résistances, et pour les vaincre elle convoqua les états-généraux; c'était mettre les ennemis en présence. Pour s'y déterminer il eût fallu être certain de les dominer; mais comment pouvait-on nourrir cet espoir, avec le secours des soldats de la liberté? Toute l'armée s'identifiait avec ceux qui avaient fondé l'indépendance de l'Amérique: ce fut en vain que l'on forma deux camps d'exercice, l'un en Normandie, sous les ordres du maréchal de Broglie; l'autre à Saint-Omer, sous le commandement des princes de la maison de Condé, dans l'intention de donner aux troupes un nouvel esprit. L'on remarqua bientôt au contraire jusqu'à quel point l'arrogance de la plupart des officiers irritait les citoyens de toutes les classes; et combien aussi ils étaient irrités eux-mêmes de celle des gens de cour, auxquels ils croyaient pouvoir s'égaler.

De tels élémens étaient peu propres à atteindre le but qu'on se proposait; une révolution était devenue inévitable; il ne s'agissait plus, pour chacun, que de choisir le parti auquel il s'attacherait. Du côté de la cour étaient les grâces et la faveur; de celui des grands, l'humiliation et la servitude pour tous autres que pour eux; du côté du peuple seul se trouvait l'espoir de la liberté : le choix de Carnot ne pouvait être douteux.

Nulle espèce d'antipathie n'existait entre le peuple et le roi; mais elle était extrême entre le peuple et les grands qui entouraient le trône.

Dans les états-généraux, le peuple pouvait à la vérité faire entendre sa voix; mais comment espérer qu'elle serait de quelque poids dans l'esprit du monarque, si elle ne parvenait jusqu'à lui que par l'organe de leur ennemi commun ? En aurait-il pu être autrement si les états fussent restés constitués par ordres, ainsi qu'ils avaient été convoqués ? La double représentation eût été complètement inutile ; le roi le sentit, et ordonna le vote par tête ; remédiant ainsi, autant qu'il était possible alors, au vice de la convocation par ordres ; il devait espérer, par ce moyen, connaître enfin le vœu de la nation, et pouvoir réformer les abus.

Le parti du peuple était évidemment celui du roi ; qui était franchement de l'un était nécessairement de l'autre ; le parti contraire était seul en révolte ouverte : en effet, dans le système d'une monarchie absolue, ce n'est point à celui qui fut rangé, dès le principe, dans le parti populaire, que l'on doit adresser des reproches, c'est à celui qui a figuré dans les rangs opposés : dans le système d'une monarchie limitée, chacun étant appelé à prendre un parti selon ses lumières et sa conscience, les reproches à ceux qui ont embrassé celui du peuple ne seraient pas mieux fondés. Il faut donc aller puiser à une époque plus rapprochée de nous, que le commencement de la révolution, l'origine des torts vrais ou supposés qu'on attribue à Carnot, puisqu'en soutenant la cause du peuple, par ses talens et son énergie, il n'a fait que remplir rigoureusement ses devoirs et obéir à sa conscience, quelle que fût son opinion personnelle sur la meilleure forme de gouvernement.

Il pensait dès-lors, et sa conduite a prouvé depuis que toujours il a continué à penser qu'il valait mieux se soumettre à un gouvernement établi, quoique vicieux, que de risquer de bouleverser l'Etat et d'organiser la guerre civile, en essayant imprudemment de le changer (3). Personne, en effet, n'a parlé avec plus de force et de courage contre l'établissement du gouvernement impérial, en même temps qu'il déclarait hautement que le premier il s'y soumettrait de bonne foi, s'il plaisait à la nation de l'établir; il ne l'a pas servi, il est vrai, dans les temps de sa prospérité; mais ne s'est-il pas empressé de lui offrir ses services avec franchise, et de lui prêter le secours de son bras lorsqu'il l'a vu en péril?

Ce même sentiment n'a jamais cessé de l'animer, et nous verrons qu'il le guida particulièrement lors du commencement de la révolution; mais, entraîné par la force des événemens qu'il ne dépendait pas de lui de maîtriser, il dut, d'après les mêmes principes, servir d'autant mieux le gouvernement républicain qui s'était établi, que ce gouvernement lui paraissait être le plus parfait; non qu'il pensât qu'on l'eût organisé, à beaucoup près, d'après le meilleur mode, mais parce qu'il croyait apercevoir des moyens faciles d'y parvenir, avec le moins de secousse possible, dans les circonstances où l'on se trouvait. Aussi l'a-t-on entendu proclamer à la tribune que rien n'eût été plus facile à Bonaparte que d'assurer l'existence de la France républicaine sur les bases les plus solides, si, au lieu d'imiter César, il eût eu la louable ambition de suivre l'exemple de Washington.

Carnot embrassa donc avec ardeur, au commencement de la révolution, les principes d'une régénération politique, bien éloigné de prévoir tous les malheurs qui devaient résulter d'une vaine et ambitieuse résistance. Elle se développa cependant de la manière la plus violente sous l'Assemblée constituante, et la France se vit menacée à la fois de la guerre civile et de la guerre étrangère. Cette Assemblée néanmoins parvint à en éviter l'explosion, et à donner une constitution telle à peu près que la très-grande majorité de la nation paraissait la désirer.

Ce fut dans ces circonstances, qu'en 1791, Carnot, alors capitaine du génie, fut nommé député à la première législature par le département du Pas-de-Calais, qu'il habitait depuis long-temps, et où il venait de se marier.

Il n'entre pas dans mon plan d'examiner si cette constitution avait des vices, et de quelle nature ils pouvaient être; il suffit de savoir que l'Assemblée législative, appelée pour la mettre en activité, n'était autorisée à y faire aucun changement; et que dès-lors on pouvait prévoir qu'elle aurait à surmonter de très-grands obstacles.

Carnot toutefois ne désespéra pas de les vaincre, il aimait à croire qu'après la révision de la constitution, acceptée par le roi, ses ministres et même ses courtisans emploiraient tous leurs efforts pour faciliter son établissement et sa marche; que les émigrés et autres mécontens se feraient un devoir de se rallier autour du trône, et que les puissances étrangères, loin de conserver leur attitude hostile, s'empresseraient de donner au roi des témoignages de leur bienveillance et de leur accession à ses vues.

Il ne tarda pas à se convaincre qu'il fallait

renoncer à toutes ces espérances : loin que la constitution eût rallié les esprits, ou les eût au moins disposés à faire franchement des sacrifices dont le roi leur donnait l'exemple, ses ennemis, au contraire, avaient l'intention perfide de ne s'en servir que pour la renverser; les premiers émigrés, au lieu de s'empresser de rentrer en France, se mettaient en armes, et l'émigration continuait avec une nouvelle fureur; les ministres du culte qui avaient refusé le serment de se soumettre aux lois de l'État, redoublaient d'efforts pour en détourner les citoyens, les séduire et les fanatiser; et les puissances étrangères qui avaient déjà signé le traité de Pilnitz, se mettaient en mesure de l'exécuter.

Il fallait de la part du gouvernement, dans des circonstances aussi graves, une volonté ferme de surmonter tous les obstacles, et les ministres du roi ne montraient que de l'embarras et une insouciance affectée.

La constitution ne pouvait s'établir que

par le concours simultané du monarque et de l'Assemblée. Le roi était livré à toutes les séductions de ses courtisans qui, sous les apparences d'un zèle empressé, cachaient les desseins les plus perfides. L'Assemblée ne pouvait rien sans la sanction du roi, et cette sanction était refusée aux décrets les plus importans, ou ces décrets étaient mal exécutés; les députés même qui les portaient officiellement à la sanction étaient insultés presque sous les yeux du roi, par les gens préposés à sa garde et à son service.

La machine devait donc périr par la seule force d'inertie, à moins que l'Assemblée ne franchît les bornes de ses pouvoirs constitutionnels pour sauver la liberté menacée d'être étouffée dans son berceau.

Carnot pensait, avec la majeure partie de ses collègues, que si la liberté ne pouvait être sauvée la constitution à la main, il fallait se mettre en mesure de la sauver à tout prix.

En recevant son mandat de représentant

du peuple, il l'avait considéré comme portant essentiellement sur la conservation de la liberté; il n'avait jamais cru qu'elle dût être sacrifiée au respect d'une constitution non encore éprouvée, et qu'il fallût la laisser périr, faute de l'énergie nécessaire pour la faire triompher, énergie dont avait donné l'exemple l'Assemblée constituante qui l'avait fondée au milieu des plus violens orages.

Il ne voulait cependant s'écarter de la constitution que dans des cas extrêmes, lorsque cette mesure serait jugée absolument indispensable : tous ses travaux, toutes ses opinions tendaient perpétuellement à sa conservation comme à celle d'un véritable palladium. Déjà la guerre était commencée, que le 9 juin 1792 il disait encore, comme membre du comité d'instruction publique, dans un rapport fait à l'Assemblée sur la malheureuse affaire de Dillon et de Berthois à Lille :

« *La nation est là qui veut la liberté, qui
» veut l'égalité, qui veut la constitution toute
» entière, et qui ne souffrira pas que ni*

» *par la force des armes, ni par les voies*
» *obliques d'une politique tortueuse, un seul*
» *mot en soit effacé.* »

L'on a vu qu'il avait pour principe, qu'à moins d'une nécessité absolue, il valait mieux conserver un gouvernement établi que d'en essayer un nouveau, et il ne cessa d'agir en conséquence. Ce fut ce même principe qui, au 18 fructidor, lui fit préférer la proscription plutôt que de se prêter à violer une constitution dont, comme directeur, il devait être le gardien et un des principaux appuis. Il ne put pas mieux défendre celle de 1791, quoiqu'alors il n'eût pas les mêmes dangers à courir; si donc elle ne put se maintenir, malgré le désir de la grande majorité de l'Assemblée, c'est qu'elle portait en elle-même des germes de destruction qu'il fut impossible de faire disparaître.

Ne pouvant plus la soutenir, toutes les vues de cette Assemblée se tournèrent vers l'exécution rigoureuse de son mandat, impératif, quoique tacite, la pleine et entière conservation de la liberté. Le retour à l'ancien ordre de choses, lors même qu'il aurait été praticable, eût été une nouvelle révolution, et n'aurait pu avoir lieu que par des secousses encore plus violentes.

Carnot pensait, au surplus, que si la constitution devait être modifiée, un tel acte de souveraineté ne pouvait appartenir qu'à une nouvelle Assemblée, revêtue des pleins pouvoirs de la nation, et que les devoirs ainsi que les droits de l'Assemblée législative devaient se borner à conserver la liberté intacte.

Sans doute cette Assemblée eût pu imiter l'Assemblée constituante, et, en s'emparant de tous les pouvoirs, décréter elle-même une nouvelle constitution ; mais outre que c'eût été donner aux législateurs qui devaient lui succéder un exemple dangereux, elle crut qu'elle devait en agir avec plus de modération, et qu'en appelant une *convention* elle satisferait mieux le vœu général qu'en conservant une autorité qu'on aurait pu lui disputer, ce qui eût amené, peut-être, de nouveaux désordres. Elle se contenta donc de prendre les mesures préparatoires qu'elle jugea indispensables, pour qu'à son arrivée l'Assemblée qui lui succéderait pût discuter et adopter celles qu'elle jugerait les plus convenables.

Proposer une nouvelle Assemblée était renoncer à toute influence, et conséquemment à tous les avantages qu'on devait s'en promettre; c'était témoigner peu d'ambition, mais seulement l'ardent désir de voir succéder à un ordre de choses qui ne pouvait subsister celui qui, seul, pouvait assurer la liberté pour laquelle la nation avait déjà fait tant de sacrifices, n'importe par quelles mains.

On ne peut se dissimuler que cette abnégation de ses intérêts personnels ne fît infiniment d'honneur à l'Assemblée législative, et particulièrement à ses membres les plus influens, au nombre desquels était Carnot; ne se trouvant pas sur les lieux au moment des élections, il était à croire que très-peu d'entre eux seraient réélus. Carnot le désirait vivement, afin que les nouveaux députés, n'ayant point participé aux divers événemens qui avaient amené la crise, ils pussent mieux connaître, à cet égard, l'opinion publique sans se laisser entraîner par aucune passion particulière, étrangère au bien général.

Il souhaitait rentrer personnellement dans la vie privée; mais ayant été de nouveau élu par le même département qui l'avait nommé à l'Assemblée législative, il ne crut pas devoir se refuser aux marques réitérées de la confiance de ses concitoyens, quelques dangers qu'il prévît dans la nouvelle carrière qu'il allait parcourir.

A l'Assemblée législative il avait été successivement nommé membre du comité d'instruction publique, du comité diplomatique ainsi que de plusieurs commissions temporaires, tant dans le sein de l'Assemblée que dans les départemens et aux armées auprès desquelles il fut chargé de diverses missions. Il ne cessa d'y déployer des talens, de la douceur et de la fermeté; ne fit jamais arrêter qui que ce fût, non plus que dans les autres nombreuses et importantes missions qu'il eut à remplir lors de la Convention; il se contenta d'écarter quelquefois des emplois les personnes qu'il jugeait pouvoir être nuisibles à la chose publique; encore ne fut-ce qu'après s'être convaincu qu'il y avait absolue nécessité. Il s'attacha particulièrement à connaître les hommes de mérite, dans quelques rangs qu'ils se trouvassent placés, pour les employer selon leurs talens; c'est ainsi qu'un très-grand nombre d'officiers lui ont dû un avancement rapide, et qu'ils ont presque toujours justifié ses choix.

Carnot pensait que rien n'était aussi facile que d'avoir d'excellens officiers dans tous les grades, en se faisant un devoir de les choisir dans les rangs d'après leur capacité et leur courage; aussi s'occupait-il essentiellement d'en tenir un contrôle exact et raisonné; il était rare qu'un homme de mérite pût lui échapper, ne fût-ce qu'un simple soldat (4). Il ne concevait pas comment une armée commandée par des généraux, choisis seulement dans une classe obligée et peu nombreuse, pouvait espérer de lutter longtemps avec avantage contre une armée qui avait pour chefs des généraux tirés des rangs avec quelque discernement. Les Turenne et les Condé lui paraissaient des hommes trop rares pour compter qu'il s'en trouvât autant que les besoins pouvaient l'exiger, tandis que la riche mine qu'on avait à exploiter dans les rangs était inépuisable.

C'était à ces choix heureux que, par une modestie qui ne s'est jamais démentie, il attribuait les triomphes de nos armées : il se trouva néanmoins très-souvent en butte au mécontentement et aux menaces d'hommes à prétentions, ainsi qu'à l'ingratitude et à la jalousie de quelques-uns de ceux qui lui devaient, autant peut-être qu'à leurs talens, les emplois distingués où il les avait élevés. Il n'en marcha pas moins avec fermeté dans la route qu'il s'était tracée, parce qu'il travaillait pour la chose publique et non pour ses intérêts particuliers; cela rappelle sa belle réponse à Fouché dans les derniers jours de sa carrière politique : « *Eh! qu'importent ta* » *vie et la mienne lorsqu'il s'agit de sauver* » *la France?....* »

Le refus de sanction à quelques décrets auxquels paraissait tenir la tranquillité publique, et les bruits alarmans que l'on faisait courir sur les dispositions où était la cour de favoriser l'entrée en France des troupes étrangères, et de dissoudre l'Assemblée, joints à quelques revers éprouvés par nos armées, avaient jeté une profonde inquiétude dans les esprits; la confiance dans les sentimens personnels du roi était ébranlée; l'on se rappelait sa fuite à Varennes après sa première acceptation de la constitution, et l'on craignait qu'il n'attendît un moment favorable pour annuler la seconde. Une espèce de terreur se répandit dans le peuple, et provoqua des rassemblemens dont le résultat fut la catastrophe du 20 juin 1792.

L'Assemblée ne fut pas plutôt instruite que le château était menacé, qu'elle s'empressa d'y envoyer un grand nombre de commissaires pris dans son sein, pour tâcher de calmer la multitude, rassurer le roi et sa famille, et partager au besoin ses dangers.

Ce cruel événement, n'ayant abouti qu'à exaspérer les partis, ne tarda pas à être suivi d'un bien plus terrible encore, celui du 10 août. La cour, avertie par la journée du 20 juin, avait pris des mesures contre le retour de semblables rassemblemens, mesures qui furent considérées comme cachant des préparatifs d'attaque et qui en provoquèrent de même nature. Il ne fut plus question alors d'une réunion tumultueuse d'hommes mal armés ou même sans armes, comme au 20 juin; mais de l'organisation de corps en état de repousser la force par la force, et dès-lors aussi d'attaquer.

On était prêt à en venir aux mains dans la matinée du 10 août, lorsque l'Assemblée nomma, comme elle l'avait fait le 20 juin, des commissaires pour se rendre au château et à l'Hôtel-de-Ville : Carnot fut du nombre des premiers. Ces deux députations parties ensemble, précédées d'huissiers et de gardes de l'Assemblée, furent assaillies sur la place du Petit-Carrousel par le feu des Suisses qui tiraient des fenêtres de l'hôtel de Brienne. Les députés se virent forcés de retourner sur leurs pas sans qu'il leur fût possible de remplir leur mission. Dans le tumulte, Carnot fut séparé de ses collègues par la foule, et allait être massacré, lorsqu'il fut reconnu pour un des représentans du peuple, et porté respectueusement dans le sein de l'Assemblée.

Le roi venait d'y arriver, et se trouvait alors confondu à la barre avec une foule de personnes qui demandaient à hauts cris un décret d'accusation contre lui. L'Assemblée, sur la proposition d'un de ses membres, s'empressa de le tirer, ainsi que sa famille, de cette position critique, en l'invitant à se rendre dans la loge du Logographe qui était derrière le président.

Un décret de suspension du pouvoir royal ayant été prononcé, l'Assemblée se trouva, par le fait, investie de tous les pouvoirs.

Elle avait déjà, dès le 20 juin, commencé à en exercer quelques-uns hors de ses attributions constitutionnelles; dans l'intention de calmer l'effervescence qui allait toujours croissant; elle nomma, en conséquence, une commission de douze membres pour lui proposer les diverses mesures qu'exigeaient les circonstances. Carnot fut élu membre de cette commission ; tous les comités y furent appelés; les questions les plus graves furent agitées, notamment celle de savoir si l'Assemblée se retirerait derrière la Loire, et si l'on ferait éprouver à Paris le sort que depuis a subi Moscow; question qui fut ajournée jusqu'au moment où l'on serait exactement instruit de la situation de l'ennemi, que déjà l'on disait avoir pénétré jusqu'aux portes de Châlons; mais bientôt on apprit qu'il avait été défait à Valmy, et s'était mis en retraite. Cette question ne se représenta plus, et l'Assemblée nomma des ministres en remplacement de ceux du roi.

Ayant pris les rênes du gouvernement, elle se disposa à envoyer des commissaires dans les départemens et aux armées, pour porter partout sa surveillance, éclairer la nation sur les événemens extraordinaires qui venaient d'avoir lieu, recevoir l'adhésion et le serment de toutes les autorités civiles et militaires, et prendre enfin les mesures d'urgence que les circonstances pourraient exiger.

Carnot fut envoyé à l'armée du Rhin, qu'il trouva, en général, aussi bien disposée qu'on pouvait l'espérer, à la réserve de quelques officiers qui, quoique d'un grade inférieur, s'étaient acquis une certaine considération dans l'armée, et y exerçaient une assez grande influence; ce fut en vain que

Carnot s'efforça de les ramener par le raisonnement et par les considérations les plus puissantes; leur amour-propre les rendit inflexibles; ils prenaient pour des marques de faiblesse et de crainte toutes les voies de douceur et de persuasion que l'on employait auprès d'eux, et ils espéraient entraîner l'armée dans leur parti, sans s'embarrasser des suites funestes qui eussent pu en résulter. Carnot se vit donc forcé de les destituer, en évitant toutefois de les priver de leur liberté. Un de ces officiers reprit bientôt après du service, et il a été par la suite un des généraux les plus distingués de l'armée française. Un autre voua à Carnot une haine éternelle : il se lia avec tous ses ennemis, cherchant partout à lui en susciter de nouveaux, et, connaissant son extrême modération, il ne craignit pas de lui témoigner hautement son inimitié à une époque où Carnot était au faîte du pouvoir.

Carnot remplit sa mission dans toute son étendue, et reçut l'adhésion de l'armée entière qui prêta avec enthousiasme entre ses mains le serment de fidélité et d'obéissance aux décrets de l'Assemblée.

Avant de se rendre en qualité de commissaire à l'armée du Rhin, il avait été chargé de se porter à l'armée de réserve pour vérifier si, comme l'avait dénoncé le ministre de la guerre à l'Assemblée, le pain des soldats avait réellement été empoisonné par du verre pilé, et quels pouvaient être les auteurs d'un crime aussi atroce. C'eût été une belle occasion pour quelqu'un qui eût voulu se faire valoir, en augmentant le trouble et l'exaspération afin de sévir contre le parti opposé; mais Carnot ne regarda ce fait, en apparence si grave, que comme le résultat d'un accident fortuit; toute l'armée en fut bientôt convaincue, le calme et la confiance se rétablirent complètement.

Lors de son arrivée à l'Assemblée législative, il avait été conduit avec plusieurs de ses collègues à la société des Jacobins. Le président, dans son discours, s'efforçait de prouver qu'il ne pouvait y avoir de bons citoyens, de patriotes véritablement énergiques, et conséquemment en état de faire le bien, que dans le sein de cette société. Un des collègues de Carnot répondit, que si tels étaient les principes de la société, elle se faisait une étrange opinion du patriotisme des Français ; qu'il en connaissait un grand nombre capables de la plus mâle énergie, qui cependant étaient peu disposés à faire partie de cette société; qu'en son particulier, il pensait que c'était montrer assez de courage, que de déclarer hautement au milieu d'elle qu'il n'en serait jamais membre. Carnot, qui partageait entièrement l'opinion de son collègue, malgré les instances réitérées qui lui furent faites, ne reparut jamais aux Jacobins, et il a souvent prouvé depuis que personne n'avait réellement plus d'énergie que lui lorsque l'occasion se présentait d'en développer.

Frappé des moyens multipliés mis entre les mains du pouvoir pour les employer à la protection des peuples, et de l'abus que trop souvent il en avait fait pour les opprimer, Carnot chercha de bonne heure ceux qui seraient propres à le contenir lui-même dans les bornes du devoir; problème politique qu'il regardait comme le plus difficile à résoudre, surtout dans une monarchie. La responsabilité des ministres lui paraissait insuffisante, facile à éluder, ne remédiant d'ailleurs en aucune manière à des entreprises hardies qui d'un seul coup pouvaient détruire tout l'édifice de la liberté. *La résistance à l'oppression* était de principe (art. 2 de la déclaration des droits), mais comment la rendre efficace?

Carnot proposa plusieurs moyens.

Le premier fut d'armer les citoyens, toute résistance à la force étant vaine sans armes: et attendu l'urgence des circonstances, une partie du territoire étant envahie par les troupes étrangères, de les armer de *piques*, en attendant qu'on pût se procurer de meilleures armes. Il pensait même que vu la disette des armes à feu, l'on pouvait introduire, avec le plus grand succès, des piquiers dans nos armées, soit en en formant des masses séparées, comme cela a eu lieu depuis pour quelques corps de cavalerie, soit en les combinant habilement avec des fusiliers. Il connaissait l'impétuosité et la supériorité du soldat français dans l'attaque à la baïonnette, et il ne doutait pas de l'efficacité des piques confiées à de telles mains; il savait la haute réputation que nos pères s'étaient acquise par leur adresse et par leur bravoure dans ce genre de combat.

L'Assemblée, sur son rapport, décréta, le 1er août 1792, une fabrication de piques dans toute l'étendue du royaume. Si, en 1814, la population eût été ainsi armée et exercée, il est à croire que les ennemis n'auraient pas réussi à nous envahir; mais nos longs et nombreux succès avaient fait négliger depuis long-temps ce précieux moyen de conservation, qui, d'ailleurs, était loin d'entrer dans les vues du gouvernement impérial qui s'est toujours défié des citoyens.

Il ne suffisait pas d'armer ainsi toute la population, il était plus essentiel peut-être encore de régler comment la force armée serait employée ; si on établirait pour elle et sans exception, le précepte de *l'obéissance passive :* question délicate, mais que Carnot ne craignit pas d'aborder. Il pensait que l'obéissance passive ne devait être prescrite que dans les rapports, près ou éloignés, avec l'ennemi extérieur, ainsi que dans la discipline, sans laquelle il ne peut exister d'armée ; mais il soutenait que du moment que la force armée était employée dans l'intérieur comme *troupe de police*, elle ne devait plus être assujettie qu'à l'obéissance aux lois générales, conséquemment à une obéissance raisonnée, sauf à ceux qui, dans ce cas, l'auraient refusée, de porter la peine de leur refus, si ce refus n'était pas établi sur une loi positive, ou sur la raison humaine, la plus puissante de toutes les lois. Il lui paraissait plus facile et sujet à beaucoup moins d'inconvéniens, de punir celui qui n'aurait point obéi à un ordre légal, que de mettre en jugement un chef pour un ordre illégal dont l'exécution aurait eu ou pu avoir les suites les plus funestes; soutenir, disait-il, que l'obéissance passive doive avoir lieu pour la police intérieure, c'est mettre la France entière sous le régime et le joug militaire, c'est la traiter en pays conquis; c'est déclarer les soldats arbitres suprêmes des lois, lorsqu'ils ne doivent en être que les exécuteurs et les protecteurs. En vain dirait-on que tout militaire a des supérieurs par lesquels il sera jugé, il en résulterait toujours que la France resterait entièrement à la discrétion de l'armée, ordre de choses monstrueux et absolument incompatible avec le régime constitutionnel. Si l'on voulait assujettir les militaires à l'obéissance passive, dans l'intérieur, il serait indispensable alors qu'ils fussent jugés comme les autres citoyens, pour tout ce qui aurait rapport au service intérieur, par les tribunaux ordinaires, et qu'ils ne fussent plus justiciables des tribunaux militaires, que devant l'ennemi, et pour des faits de discipline; quelqu'insuffisante que fût cette mesure, ce serait au moins un palliatif. Obéissance passive, ajoutait-il, devant l'ennemi; obéissance à la loi et conséquemment raisonnée, dans l'intérieur; sans cela tous les efforts pour fonder et conserver la liberté seront toujours vains : que serait-ce si la masse des citoyens armés, la garde nationale, pouvait jamais être assujettie à une semblable obéissance?....

Qu'a-t-il dû en penser, au 18 fructidor, lorsque, par suite de l'obéissance passive, il fut attaqué et poursuivi par les soldats préposés spécialement à la garde de sa personne comme un des premiers magistrats de la république, tandis que leur devoir, au contraire, était de le défendre au péril de leur vie? Qui ne conçoit, d'après ce fait, quels terribles inconvéniens pourraient résulter d'un pareil système, sous quelque genre de gouvernement que ce pût être?

Carnot proposa encore, à l'Assemblée législative la suppression des *citadelles* ou plutôt celle de leurs fronts de fortifications, qui les séparent des villes et les menacent continuellement de destruction, si elles n'obéissent pas à celui qui en est maître : sous ce rapport, il les considérait comme de véritables bastilles, sans aucune utilité contre l'ennemi extérieur.

La plupart d'entre elles, disait-il, n'avaient été construites que pour maintenir dans le devoir les habitans des places conquises, et étaient dès-lors devenues sans objet ; quelques-unes cependant pouvant prolonger la défense de ces places en assurant une retraite à leurs défenseurs, devaient être provisoirement conservées. Cette dernière considération, dans les circonstances où l'on se trouvait, fit ajourner la proposition ; plusieurs de ces citadelles ou châteaux qui en tenaient lieu, ont été démolies depuis, notamment celles de Metz, Béthune, etc.

A peine Carnot était-il rentré de sa mission à l'armée du Rhin, qu'il fut envoyé dans les Pyrénées, pour y organiser des moyens de défense contre l'Espagne, que l'on savait faire d'immenses préparatifs sur cette frontière, sans qu'il y eût pourtant de part ni d'autre aucune espèce de déclaration hostile : il y trouva tout dans le plus grand dénuement ; à peine y existait-il assez de troupes pour garder les portes des places de guerre ; point d'artillerie de campagne, point de munitions, point de magasins de vivres ni d'habillemens ; les fortifications tombant en ruine de tous côtés, les communications presque partout impraticables, les administrations et les tribunaux réglant leurs attributions d'après leurs caprices ou leurs intérêts ; tous les esprits dans une agitation extraordinaire !..

A l'arrivée de Carnot et de ses deux collègues, la confiance renaît ; de nombreux bataillons de gardes nationaux sont organisés ; des troupes irrégulières sont distribuées dans les montagnes ; on travaille dans tous les ateliers à pourvoir aux besoins de cette nouvelle armée; on relève les fortifications, on construit des affûts, des caissons, on répare les chemins, aucun bras ne reste inutile, et, bientôt au lieu de se borner à se tenir sur la défensive, on s'occupe, dans l'impossibilité manifeste de conserver la paix avec l'Espagne, à se créer de puissans moyens d'attaque. Bientôt après les efforts de l'Espagne tournent à sa confusion : un simple officier de la nouvelle armée, devenu général, culbute ses phalanges, emporte ses places, la force à la paix; et vient, en qualité de plénipotentiaire, dicter à Madrid les conditions qu'impose le gouvernement français.

Le rapport qui fut fait le 12 janvier à la Convention nationale de cette mission importante parut un modèle de clarté et de précision : il était rempli des meilleures vues d'administration, contenait en raccourci la statistique de cette vaste contrée et indiquait tous les moyens d'amélioration dont elle pouvait être susceptible (5).

Quelques jours après, Carnot fut appelé à donner son vote dans le procès de Louis XVI; ce vote est connu : « Jamais, dit-il en le pro-
» nonçant, devoir ne pesa autant sur mon
» cœur.... »

Le 14 février il fit un rapport à la Convention, au nom du comité diplomatique, sur la réunion au territoire de la république, de plusieurs enclaves et pays circonvoisins qui sollicitaient cette réunion: on y lit ce passage remarquable qui fait voir combien il était personnellement éloigné de tout esprit de conquêtes :

« Les limites anciennes et naturelles de
» la France sont le Rhin, les Alpes et les Py-
» rénées; les parties qui en ont été démem-
» brées, ne l'ont été que par usurpation : il
» n'y aurait donc, suivant les règles ordinai-
» res, nulle injustice à les reprendre; il n'y
» aurait nulle ambition à reconnaître pour
» frères ceux qui le furent jadis, à rétablir
» des liens qui ne furent brisés que par
» l'ambition elle-même.

» Mais ces prétentions diplomatiques, fon-
» dées sur les possessions anciennes, sont
» nulles à nos yeux comme à ceux de la rai-
» son. Le droit invariable de chaque nation
» est de vivre isolée s'il lui plaît, ou de s'unir
» à d'autres si elles le veulent, pour l'intérêt
» commun : nous Français, ne connaissons
» de souverains que les peuples eux-mê-
» mes ; notre système n'est point la domi-
» nation, c'est la fraternité ; il n'y a pour
» nous ni princes, ni rois, ni maîtres quelcon-
» ques ; nous ne voyons sur toute la surface
» du globe que des hommes comme nous, des
» êtres égaux en droits, égaux sous tous les
» rapports politiques et moraux, dès qu'ils
» le sont en talens et en vertus......... »

Les succès de Carnot dans ses diverses missions, engagèrent la Convention à lui confier celle de se rendre à l'aile gauche de l'armée du Nord, qui s'appuyait à Dunkerque.

Cette place importante, objet constant d'inquiétude et de jalousie, de la part des Anglais, n'était plus environnée que de faibles retranchemens en terre, à peine à l'abri d'un coup de main, depuis que, par de honteux traités, nous avions consenti à consommer nous-mêmes, sous la surveillance de nos éternels ennemis, la ruine de son port et de ses fortifications. Les Anglais faisaient d'immenses préparatifs pour s'en rendre maîtres; préparatifs qui, quelque temps après, aboutirent à la bataille d'Honscoote où le duc d'Yorck, après une défaite complète, faillit être fait prisonnier avec toute son armée; mais alors la place de Dunkerque, ainsi que celle de Bergues et le camp retranché qui les lie, avaient été mis dans l'état de défense le plus respectable; les avant-postes de l'ennemi qui resserraient ces deux places, à l'arrivée de Carnot avaient été repoussés au loin et contenus par la formation d'un camp en avant à Guivelde, pour protéger la plage et assurer la tranquillité des travailleurs. La communication de ces deux places avec celle de Lille se trouvait établie par la ville et les montagnes de Cassel qu'il avait fait fortifier. La ville de Furnes, toutefois, continuait à servir de point de ralliement à l'ennemi, pour faire des courses jusque sur le territoire français : Carnot résolut de l'enlever, et, à la tête d'un corps de troupes parti de Cassel sous les ordres du général O'Moran, qui se joignit à celles du camp de Guivelde, il marcha sur cette place le mousquet à la main, comme il fit depuis au déblocus de Maubeuge, et l'emporta de vive force, après la résistance la plus opiniâtre. Les troupes, électrisées par ce brillant succès, voulaient se porter immédiatement sur Newport; mais Carnot connaissant l'impossibilité d'enlever cette place d'un coup de main comme celle de Furnes, se contenta de cette première action de vigueur qui exaltait le courage de nos troupes, depuis trop long-temps sur la défensive, et apprenait en même temps à l'ennemi ce qu'il avait dorénavant à en redouter (6).

A cette mission succéda presqu'aussitôt celle de surveiller la levée du contingent des départemens du Nord, dans un nouvel appel de *trois cent mille hommes* : mais pendant que cette levée s'effectuait dans ces départemens avec enthousiasme, il reçut l'ordre de se réunir à plusieurs de ses collègues et au ministre de la guerre Beurnonville, pour se porter à l'armée commandée par Dumouriez qui, par sa conduite, avait donné des inquiétudes sur sa fidélité. Ce général se voyant découvert, hâta l'exécution de ses desseins, en faisant lui-même arrêter le ministre de la guerre et les membres de la commission de l'Assemblée, avant que Carnot eût pu les joindre. Arrivé à l'armée, il sut la contenir dans le devoir; cette armée, loin d'imiter la trahison de son chef, en eut horreur et se maintint dans ses positions.

Carnot alors fut rappelé dans le sein de la Convention nationale et nommé membre du comité de salut public, le 14 août 1793.

Le malheur de ses collègues et du ministre Beurnonville, qu'il savait être traînés de prisons en prisons, ne sortait point de sa mémoire, et pendant tout le temps qu'il resta au comité de salut public il ne négligea aucune occasion de demander qu'ils fussent rendus à leur patrie; mais ce fut toujours en vain, tant que dura la Convention. Nommé ensuite membre du directoire exécutif, il renouvela ses instances, et il fut enfin conclu un traité d'échange entre Madame, fille de Louis XVI, et ces prisonniers, si l'on peut les qualifier de ce nom. Il se présentait encore bien des difficultés pour l'exécution de ce traité : la princesse se trouvait sous une surveillance si ombrageuse, que les suites pouvaient en devenir périlleuses ; mais elles furent toutes surmontées par le zèle et l'adresse du ministre de l'intérieur Bénezech à qui, depuis longtemps, Carnot avait accordé sa confiance. Cet échange consommé, il fut revêtu de l'approbation générale; l'on y trouva à la fois convenance et dignité.

Carnot ne fut pas plutôt entré au comité de salut public, qu'il y proposa d'attaquer l'armée autrichienne, qui, forte de soixante mille hommes sous les ordres du prince de Cobourg, formait le blocus de la place et du camp retranché de Maubeuge, dans lesquels se trouvaient alors renfermés vingt mille hommes, qui, étant ainsi paralysés, réduisaient l'armée active du Nord à moins de trente-cinq mille hommes. L'entreprise était audacieuse, mais que ne pouvait-on pas espérer des soldats qui venaient de vaincre à Honscoote, et de mettre en pleine déroute l'armée anglaise? Si la place de Maubeuge, avec les vingt mille hommes qu'elle contenait, tombait entre les mains de l'ennemi, rien ne pouvait plus arrêter sa marche victorieuse jusqu'à Paris.

Dans cette circonstance, la plus critique peut-être de la guerre de la révolution, le gouvernement prit le parti extrême de livrer une bataille décisive pour sauver Maubeuge et dégager sa nombreuse garnison, destinée à renforcer l'armée active, seule ressource alors de l'État sur cette frontière la plus voisine de la capitale : dans cette intention il envoya, avec les pouvoirs les plus étendus, des commissaires de la Convention, au nombre desquels se trouva Carnot.

A leur arrivée au quartier-général à Guise, ils s'occupèrent, avec le général en chef Jourdan et son état-major, des plans et des moyens d'attaque; et bientôt après le quartier-général ayant été porté à Avesnes, à deux lieues des postes avancés de l'ennemi, celui-ci fut impétueusement attaqué sur toute sa ligne, qui le premier jour cependant ne put être entamée; les Autrichiens obtinrent même quelques succès sur leur droite. Le conseil se réunit pour examiner s'il ne convenait pas de renforcer notre gauche dans l'attaque qui devait être continuée le lendemain : Carnot s'opposa fortement à ce projet, qui d'assaillante qu'elle était et devait être, aurait pu faire prendre à notre armée une attitude défensive; il proposa, au contraire, de porter pendant la nuit la majeure partie de nos forces sur la gauche de l'ennemi au village de Wattignies, principal nœud de sa défense. Ce village, placé sur une colline très-élevée, avait ses approches défendues par une foule d'obstacles naturels, et ses retranchemens multipliés, faits avec le plus grand soin, étaient garnis d'une nombreuse artillerie qui paraissait les rendre inexpugnables.

Cet avis ayant prévalu, tout fut disposé pour l'attaque. Au point du jour, la montagne qui dominait la plaine fut assaillie de front par nos tirailleurs; en même temps, deux fortes colonnes marchèrent sur la droite et sur la gauche pour l'enlever à la baïonnette; le feu de l'ennemi devint alors si vif et était si bien dirigé, que l'on vit quelques-uns de nos corps hésiter. Carnot, toujours à la tête des troupes, ne tarda pas à s'apercevoir de cette hésitation qui menaçait de devenir funeste; après avoir retiré ces corps de leur position pour les faire mettre en bataille sur un plateau élevé, en vue de toute l'armée; il destitua solennellement le général qui les commandait : mettant alors pied à terre et prenant le fusil d'un grenadier; il se mit à la tête de la colonne de droite; tandis qu'un autre de ses collègues, comme lui en costume de représentant, marchait à celle de gauche avec le général en chef Jourdan.

Rien ne put alors résister à la valeur et à l'impétuosité de nos troupes; la colonne à la tête de laquelle se trouvait Carnot, pénétra bientôt dans le village de Wattignies à travers des chemins creux comblés de cadavres: en vain la cavalerie ennemie tenta plusieurs charges, toute celle qui fut engagée dans ce terrain resserré y trouva son tombeau.

A peine arrivée sur le plateau où est le village, cette colonne de droite y vit déboucher celle de gauche, qui, avec la même valeur, avait obtenu sur la fin du jour un pareil succès.

Carnot, excédé de besoins et de fatigue, privé de ses chevaux, ne sachant comment se rendre au quartier-général où il sentait que sa présence pouvait être nécessaire pour les dispositions à faire le lendemain, fut rencontré dans cet état par un détachement de cavalerie, dont le chef lui offrit un cheval et l'escorta jusqu'à Avesnes où déjà l'alarme s'était répandue sur son sort.

Les troupes victorieuses restèrent au bivouac toute la nuit pour se mettre le lendemain matin à la poursuite de l'ennemi, achever sa déroute et pénétrer dans la place de Maubeuge, qui était encore à deux lieues; mais l'ennemi appréciant la situation critique où il se trouvait, s'il ne repassait la Sambre avant une troisième bataille, se hâta de profiter, pour effectuer sa retraite, des ténèbres de la nuit, et d'un brouillard épais qui ne se dissipa que fort tard dans la matinée du lendemain.

Cette importante opération heureusement terminée, Carnot s'empressa de retourner à la Convention, où il reprit ses fonctions au comité de salut public.

Pour bien apprécier ce qu'a fait et pu faire Carnot, comme membre de ce comité, il est indispensable d'en connaître l'organisation.

La Convention nationale réunissait dans ses mains tous les pouvoirs, la puissance dictatoriale la plus étendue, tant par la nature même des choses que par le décret de sa convocation, qui *invitait les assemblées primaires à revêtir leurs représentans d'une confiance illimitée.* (Décret du 12 août 1792.) Elle créa, dans son sein, un comité de gouvernement spécialement chargé, sous sa surveillance immédiate, de tous les actes relatifs au pouvoir exécutif : elle voulut toutefois qu'aucun de ces actes ne pût être exécutoire que sur la signature d'un certain nombre de ses membres, de manière qu'aucun d'eux n'eût individuellement aucune autorité personnelle. La première idée, lors de l'établissement de ce comité, avait été que toutes les affaires de sa compétence y fussent rapportées, discutées et décidées à la majorité des voix ; mais bientôt l'affluence en devint si considérable, que leur marche aurait été totalement arrêtée si l'on ne se fût promptement décidé à modifier cette première idée; modification qui ne fut point rendue publique par un décret: l'état des choses parut ainsi toujours rester le même.

Les affaires classées et séparées en un certain nombre de parties distinctes, chacune d'elles fut confiée à un ou plusieurs membres du comité, divisé en bureaux spécialement chargés de lui faire rapport des affaires placées dans leurs attributions respectives; dans l'impossibilité absolue nonseulement de les discuter, mais d'en entendre même la simple lecture, le comité se contenta de revêtir des signatures voulues par la loi, les arrêtés tels qu'ils étaient présentés par chacun de ses bureaux; il arriva même quelquefois qu'au lieu d'être portés au comité ils le furent directement dans les divers bureaux particuliers, pour satisfaire plus promptement à cette formalité indispensable; à peu près comme un notaire fait revêtir ses actes de la signature d'un de ses collègues.

Cet ordre de choses néanmoins n'enlevait pas à chaque membre du comité, le droit d'examiner ni celui de refuser sa signature lorsqu'il le jugeait à propos; mais cela arrivait et devait même arriver rarement pour ne point entraver la marche du gouvernement : chacun de ses membres devant d'ailleurs personnellement désirer que les projets d'arrêtés qu'il présentait lui-même, fussent adoptés, avait une espèce d'intérêt direct à ne critiquer qu'avec une extrême réserve ceux de ses collègues qui eussent pu user de représailles : ce n'était donc guère que dans des circonstances de la plus haute importance, qu'il pouvait s'établir, au comité, une véritable discussion; les affaires courantes étaient presque toujours décidées par les seuls membres composant chaque bureau. Quant aux signatures en second, elles ne pouvaient pas même être considérées comme des signatures de confiance, qui souvent, sous ce rapport, eussent été refusées; mais comme un simple *vu* qui annonçait que la pièce avait été présentée au signataire, une espèce de timbre dont il était indispensable que fût marqué le papier sur lequel les ordres du comité devaient nécessairement être expédiés. Il résulte de ces dispositions, que soit blâme, soit éloge des divers actes du comité de salut public, ce blâme et ces éloges ne peuvent s'adresser qu'à ceux-là seuls dont ils ont été l'ouvrage : *suum cuique.*

Carnot composa seul, pendant long-temps, avec les divers employés qu'il y appela, le bureau militaire de ce comité ; ayant à diriger à la fois jusqu'à quatorze armées, il ne consacrait pas moins de seize à dix-huit heures par jour à ce travail; il correspondait presque toujours directement et de sa main, avec les généraux et faisait fréquemment des rapports à l'Assemblée sur les objets confiés à son administration. Il ne devait donc lui rester que bien peu de temps pour s'occuper des autres affaires ; on a même peine à concevoir comment un seul homme a pu suffire à un travail aussi considérable et aussi soutenu (7).

Ses succès constans lui attirèrent la jalousie et même l'animadversion de quelques-uns de ses collègues ; ils lui reprochaient d'introduire dans les armées et même dans ses bureaux des hommes qui leur étaient suspects, parce que Carnot, qui croyait à l'honneur et à la probité, s'efforçait de n'employer partout que des hommes, qui au patriotisme le plus pur joignissent des talens réels, ne pensant pas que le premier seul pût tenir lieu de tout. C'est ainsi qu'ayant été dénoncé pour avoir accordé sa confiance au général O'Moran et prouvé jusqu'à la démonstration que son accusateur n'était qu'un concussionnaire qui cherchait à mettre ainsi à l'abri les fruits de son brigandage (8), Saint-Just en fureur lui répondit que les patriotes ne pouvaient jamais être des concussionnaires, puisque tout leur appartenait; qu'il n'y avait qu'un mauvais citoyen qui pût les en accuser! De pareilles scènes se renouvelaient fréquemment au comité, surtout avec Robespierre qui ne déguisait pas sa haine contre Carnot et qui ne craignait pas de dire hautement que si on le tolérait au comité, c'est qu'on avait besoin de lui; mais qu'au premier revers de nos armées sa tête tomberait. C'était, sans doute, pour préparer cette catastrophe qu'il refusait opiniâtrément de signer les ordres relatifs aux opérations militaires.

Carnot n'en marchait pas moins avec fermeté sur la ligne qu'il s'était tracée, bravant également et les fureurs de cet homme féroce et les absurdes accusations d'être son complice.

« La malveillance se plaît en vain, disait-
» il dans un de ses discours à la Convention,
» à citer quelques signatures données par
» moi à des actes qu'on trouve répréhensi-

» bles; il faut expliquer une fois pour toutes,
» ce que c'est que ces signatures (je parle
» des signatures en second); elles étaient
» une formalité prescrite par la loi, mais
» absolument insignifiante par rapport à
» celui qui était tenu de la remplir; ce n'é-
» tait, de sa part, ni une adhésion expresse,
» ni même un acquiescement donné de con-
» fiance; ces signatures enfin n'étaient pas
» seulement des *certifié conforme*, car cela
» supposerait que le signataire avait lu et
» collationné, ce qui n'est pas vrai; elles ne
» sont précisément et n'ont jamais été que
» de simples vus, une opération purement
» mécanique, qui ne prouve rien, qui n'at-
» teste rien, sinon que le rapporteur, c'est-
» à-dire, le premier signataire de la minute,
» s'est acquitté de la formalité prescrite, de
» soumettre la pièce en question à l'examen
» du comité. Ces *visa* néanmoins, quoique
» insignifians par rapport à celui qui les
» donne, ne sont pas pour cela inutiles en
» eux-mêmes; car ils astreignent le rappor-

» teur à faire passer son travail sous les
» yeux de ses collègues, ce qui l'expose à
» une censure, qui se fait très-rarement à la
» vérité, mais qui cependant a lieu quel-
» quefois.

» Voilà comment il est arrivé qu'on a
» présenté différentes pièces signées de
» moi, dont je n'avais jamais eu connais-
» sance, et même rédigées contre mon gré;
» par exemple, une instruction relative à la
» commission populaire d'Orange, lorsqu'il
» est de fait que j'ai ignoré très-long-temps
» l'existence de cette commission; une lettre
» à Joseph Lebon pour étendre ses pouvoirs,
» lorsqu'il conste que je demandais perpé-
» tuellement au comité le rappel de Joseph
» Lebon..... On me demande pourquoi l'on
» signait ainsi ces pièces sans les connaître?
» Je réponds, par la nécessité absolue, par
» l'impossibilité physique de faire autre-
» ment. L'affluence des affaires était trop
» considérable pour qu'elles pussent être
» délibérées au comité..... Elles se mon-

» taient à quatre ou cinq cents par jour.
» Chacun expédiait lui-même ou faisait
» expédier dans ses bureaux celles qui
» étaient attribuées à sa compétence, et on
» les apportait à la signature ordinairement
» vers les deux ou trois heures du matin.

» Ces signatures étaient presque toujours
» données sans aucun examen..... Si l'on en
» faisait un crime aux membres de l'ancien
» comité de salut public, tous ceux qui les
» ont précédés ou suivis seraient également
» coupables; car cet usage était établi avant
» eux, et il s'observe encore aujourd'hui.....
» *Il est forcé sous peine de voir périr la*
» *chose publique faute d'exécution.....* Ce que
» je viens de dire est connu de la plupart
» des membres de cette assemblée..... La
» justice la plus rigoureuse veut que vous
» réduisiez la responsabilité de chacun aux
» actes qui sont réellement émanés de lui. »

Est-il étonnant, d'après cela, que Carnot ait signé le décret d'arrestation de son hôtesse, d'une dame respectable, pour laquelle il avait la plus haute estime, et qu'ensuite il eut beaucoup de peine à faire mettre en liberté?... (9) Il eût signé de même l'arrestation de son père, peut-être la sienne propre, que depuis long-temps méditaient les *triumvirs*, eux que, dans toutes les occasions, il n'avait cessé de braver, et qu'il avait flétris de ce nom odieux en leur arrachant souvent des victimes qu'ils avaient résolu d'immoler : aussi un auteur du temps, qui était loin de partager les opinions de Carnot, puisqu'il se qualifiait lui-même *d'aristocrate*, dit-il, dans son *Dictionnaire néologique :* Carnot a plus sauvé de monde que Robespierre n'en a fait périr.

Il ne put toutefois échapper personnellement aux dénonciations ; mais une phrase heureuse, qui depuis a retenti dans toute l'Europe qui en a apprécié l'à-propos et la justesse, les fit à l'instant évanouir. Cette phrase : CARNOT A ORGANISÉ LA VICTOIRE, restera dans l'histoire à côté de celle prononcée au Forum, ALLONS AU CAPITOLE REN-

DRE GRACE AUX DIEUX D'AVOIR SAUVÉ LA RÉPU-
BLIQUE !..

Pendant près de dix-huit mois que Carnot resta au comité de salut public il fit en son nom, à la Convention nationale, une foule de rapports presque tous d'une haute importance, notamment ceux sur la suppression du conseil exécutif et son remplacement par des commissions particulières; sur la reprise des quatre places des frontières du Nord, tombées, par trahison, entre les mains de l'ennemi, Landrecies, Duquesnoy, Valenciennes et Condé : sur la réunion de la Belgique à la France; sur la manufacture extraordinaire d'armes établie à Paris etc. etc. sur le journal militaire, *le Défenseur de la patrie*, où il rend compte des succès obtenus dans une campagne de dix-sept mois, pendant lesquels nos troupes n'avaient pas quitté un instant les armes; campagne héroïque à laquelle, alors, aucune autre ancienne ni moderne ne pouvait être comparée; qui commença *à la bataille d'Honscoote*, ne finit qu'à *la prise de Roses;* et dont le résultat fut :

Vingt-sept victoires, dont huit en bataille rangée,

Cent vingt combats de moindre importance,

Quatre-vingt mille ennemis tués,

Quatre-vingt-onze mille faits prisonniers,

Cent seize places fortes ou villes importantes, dont trente-six après siége et blocus,

Deux cent trente forts ou redoutes,

Trois mille huit cents bouches à feu,

Soixante-dix mille fusils,

Dix-neuf cents milliers de poudre,

Quatre-vingt-dix drapeaux.

Ce journal, *le Défenseur de la patrie*, distribué aux armées, y opérait un effet prodigieux, en ce que chaque avantage remporté par l'une d'elles était considéré, par toutes les autres, comme une lettre de change à acquitter ; jamais émulation de gloire, sans jalousie, ne fut portée si loin.

Pour élever à la gloire de nos armées un

monument digne d'elles, et recueillir des matériaux destinés à agrandir la science militaire, Carnot avait établi dans ses bureaux, un cabinet historique et topographique, composé d'excellens rédacteurs et de bons dessinateurs; il y employa avantageusement Clarke dont il avait démêlé les talens pour ce genre de travail; il le rappela à la tête de ce bureau lorsqu'il fut transporté au directoire, puis il le confia au général Dupont : c'est là qu'en travaillant journellement avec Carnot, ils acquirent les connaissances et la réputation qui les portèrent, par la suite, l'un et l'autre au ministère de la guerre.

L'on voit dans le rapport sur la reprise des quatre places des frontières du Nord, le germe de la sublime théorie qui écartant tout-à-coup les vieilles routines de la guerre, en fit, pour ainsi dire, une science nouvelle; théorie qui pour être mise en pratique avec succès avait besoin d'être confiée à des troupes aussi braves que les nôtres, et à des généraux aussi expérimentés et aussi dévoués que l'étaient à cette époque ceux qui les commandaient; théorie que nos ennemis n'ont pu comprendre et mettre à exécution que fort tard et fort imparfaitement; qui nous a valu la plupart de nos triomphes, parce qu'elle est éminemment appropriée au génie de la nation française, qui depuis en a fait de si heureuses applications; de la découverte de laquelle plusieurs généraux ont réclamé l'honneur, lorsqu'ils auraient pu se contenter de celui, déjà assez brillant, de l'exécution. Tant d'inventeurs à la fois, qui tous recevaient des ordres et des instructions du même homme, annoncent suffisamment quel fut réellement cet inventeur (10); mais Carnot sorti du comité de salut public et plus tard du directoire, où s'était renouvelée pour la France une seconde ère de victoires, n'était plus qu'un simple particulier; comment aurait-il pu lutter alors contre des généraux qui avaient rendu d'immenses services et qui se trouvaient encore à la tête des armées? Les faits seuls parlaient pour lui; mais ne parlaient-ils pas aussi pour Christophe Colomb, lorsqu'on décora le nouveau monde du nom d'Améric Vespuce?.... La gloire de Colomb en sera-t-elle obscurcie dans la postérité? non! elle ne fera, au contraire, que grandir par les persécutions auxquelles fut en butte cet homme célèbre, et l'univers entier lui rend, depuis long-temps, l'éclatante justice qui lui est due.

« Dès l'ouverture de la campagne (dit
» Carnot, dans son rapport sur la reprise
» des quatre places), le comité de salut pu-
» blic avait senti la nécessité de s'écarter,
» dans le cours de cette guerre, des routes
» usitées..... Il résolut donc, au lieu d'atta-
» quer l'ennemi dans la trouée qu'il avait
» faite, de se porter sur ses deux flancs, de
» le cerner, de lui couper ses communica-
» tions, et de le réduire enfin à l'option ou
» d'abandonner le territoire envahi, ou d'y
» rester lui-même enfermé et d'y périr.

» C'est ce plan, suivi avec persévérance par
» le comité, exécuté avec autant d'énergie
» que de talens par les généraux, con-
» sommé enfin par la ténacité et le courage
» incomparable des soldats de la répu-
» blique, qui a fait crouler en un moment
» tout cet échafaudage de conquêtes... Co-
» bourg nous vit tout-à-coup sur ses der-
» rières, et il n'eut que le temps de se
» retirer honteusement du labyrinthe où il
» s'était engagé.

» Rappelé à la défense de ses foyers, il
» espérait au moins nous faire consumer le
» reste de la campagne sans événemens dé-
» cisifs....... Mais on lui préparait sur les
» bords de la Moselle un rassemblement de
» cinquante mille braves, qui, recevant tout-
» à-coup l'ordre de venir à travers les Ar-
» dennes, prendre en flanc l'armée enne-
» mie, et conduits avec autant de bonheur
» que de sagesse, par Jourdan, rompirent
» bientôt l'équilibre, et fixèrent la victoire
» sur les bords de la Sambre et de la Meuse,

» pendant que Pichegru la fixait de son côté
» sur les bords de la Lys et de l'Escaut, par
» six batailles sanglantes et autant de villes
» prises.

» Ces succès répondirent tellement aux
» espérances du comité de salut public,
» que l'arrêté par lequel il avait déterminé
» le plan de la campagne au commence-
» ment, a plutôt l'air d'une inspiration que
» d'un projet soumis aux hasards des com-
» bats.......... »

C'est cette manœuvre habile que voulait renouveler Napoléon en 1814; après avoir arrêté long-temps l'ennemi entre la Seine et la Marne, il s'en éloigna, mais trop tard, pour couper ses lignes d'opérations : l'ennemi était alors trop près de la capitale où il savait qu'il trouverait des ressources immenses; si toutefois cette ville s'était défendue pendant quelque temps, comme on devait l'espérer, et qu'il n'y eût pas eu de défection parmi les troupes chargées de la protéger, il ne serait plus resté de ressources à l'ennemi que dans son désespoir, et il est à croire qu'au lieu d'entrer à Paris en triomphateur, il eût perdu entièrement son armée sous ses murs.

Une semblable manœuvre est décisive, mais il faut que, comme le furent celles du comité de salut public, elle soit habilement calculée.

Une des institutions les plus importantes des temps modernes fut, sans contredit, celle de l'*École polytechnique*, à la création de laquelle Carnot eut la plus grande part, tant comme savant que comme membre du comité de salut public. Cette école, établie sur le plan le plus vaste et le mieux conçu, eut pour professeurs, dans tous les genres, les savans les plus distingués; aussi développa-t-elle, dès sa naissance, l'enfance d'Hercule! Aujourd'hui nos chaires, nos armées, nos manufactures sont peuplées d'une foule de sujets distingués qui y ont achevé leur éducation. Si la première idée de cet établissement, qui est revendiquée par plusieurs, n'est pas de Carnot, au moins est-il un de ceux qui ont le plus contribué à la former; il en a toujours été considéré comme l'un des principaux fondateurs; et rien n'égale la vénération et la confiance qu'en tout temps lui ont témoignées les élèves de cette école (11).

Le célèbre Lagrange, le plus profond géomètre de l'Europe, fut, à sa mort, remplacé par Carnot, qui fut nommé d'une voix unanime membre du conseil de perfectionnement. Il occupait encore cette place honorable lors de la première invasion de 1814; les élèves de cette école se distinguèrent par leur conduite courageuse, dans la défense du poste qui leur était confié en avant de la barrière du Trône, et méritèrent la haute estime de nos ennemis : Carnot, à cette époque, se signalait dans la défense d'Anvers.

Quoique Carnot ne fît plus partie du comité de salut public, ce comité cependant l'appela souvent pour profiter de ses lumières. Il avait été, durant le cours de la session, élevé deux fois à la présidence de la Convention nationale dans des temps difficiles; mais à l'époque du 13 vendémiaire an IV, jour de l'attaque des sections de Paris, où il y eut tant de sang répandu, il n'était plus chargé, depuis long-temps, d'aucun service spécial dans cette assemblée. Il s'y opposa en vain à l'établissement du gouvernement directorial, dans lequel il croyait apercevoir des vices qui devaient amener promptement sa destruction ; en quoi les événemens prouvèrent bientôt qu'il ne s'était pas trompé.

Frappé de l'inconvénient grave qui était résulté du renouvellement intégral des membres de l'Assemblée constituante, il opina pour que dans l'élection de ceux qui devaient composer les conseils législatifs, une partie fût nécessairement choisie parmi les membres de la Convention, qui, ayant plus d'intérêt à soutenir son ouvrage, s'opposeraient, par-là, plus efficacement à une nouvelle révolution.

Nommé par quatorze départemens à la

nouvelle législature, il y prit sa place au conseil des anciens ; bientôt après il fut nommé membre du Directoire exécutif en remplacement de Sieyes qui n'avait point accepté ; Carnot, malgré les difficultés et les dangers qu'il y prévoyait, tout dévoué à la chose publique, ne crut pas devoir l'imiter.

Il fut spécialement chargé au Directoire, comme il l'avait été au comité de salut public, de la partie militaire ; mais les affaires de ce genre étant alors en beaucoup moins grand nombre qu'elles ne l'avaient été au comité, il put facilement s'y occuper de plusieurs autres objets.

La création d'un ministère diminuait d'ailleurs considérablement le nombre des affaires de détail, qui auparavant ressortissaient directement au comité ; aussi toutes celles d'une certaine importance étaient-elles toujours discutées au Directoire même ; et aucune décision ne pouvait avoir lieu que de l'avis et sur la signature de trois de ses membres : la partie militaire toutefois était celle dont Carnot s'occupait le plus essentiellement et le plus assidument.

Depuis qu'il avait quitté le comité de salut public, nos armées avaient éprouvé des revers considérables; il était de la plus haute importance, pour le nouveau gouvernement, de ressaisir la victoire que celui qu'il remplaçait avait maladroitement laissé échapper de ses mains : c'était d'ailleurs la seule base solide sur laquelle il pût s'établir.

L'épuisement des finances, sur la fin du règne de la Convention, l'avait déterminée à charger son comité de salut public de prendre un arrêté auquel elle donna force de loi, pour une nouvelle organisation de l'armée dont les cadres lui paraissaient beaucoup trop nombreux. Il en résulta une réforme d'environ *vingt-trois mille officiers*, réforme que le Directoire, dès son entrée en fonctions, fut obligé de mettre à exécution, et qui valut à Carnot, chargé de la partie de la guerre, une foule d'ennemis plus ou moins dangereux ; ils ne lui ménagèrent ni les insultes ni les menaces ; plusieurs d'entr'eux, auxquels il n'échappa que par une sorte de miracle, lui firent courir les plus grands dangers au 18 fructidor.

Le Directoire, pour diminuer, autant qu'il était en lui, les inconvéniens d'une aussi prodigieuse réforme d'officiers, dont la plupart n'avaient d'autres moyens d'existence que leur état, et qui avaient rendu des services plus ou moins importans dans les armées, s'efforça d'adoucir leur sort. Il établit, dans cette opération délicate, des règles générales pour les soustraire à toute espèce d'arbitraire, s'enlevant ainsi à lui-même, jusqu'à la faculté de pouvoir accorder la moindre préférence.

Cet arbitraire dans les choix, que le Directoire avait si scrupuleusement évité dans les divers corps de troupes formant la presque totalité de l'armée, il ne pouvait malheureusement l'éviter de même pour les officiers d'état-major, les officiers généraux et autres; car pour les conserver à l'ancienneté, comme dans les corps de troupes, il eût fallu renoncer aux services de la plupart de ceux qui étaient reconnus pour avoir le plus de talens, et exposer ainsi le salut des armées de la république. Il était donc nécessaire de faire un choix; c'est ce choix inévitable qui fit, surtout, des ennemis violens à Carnot. L'intérêt et l'amour-propre se réunirent pour les rendre irréconciliables, quoique le Directoire eût eu la précaution de leur assurer, en attendant leur replacement et selon leurs grades, comme à tous les autres officiers, un traitement de non activité : le plus grand nombre toutefois sut rendre justice au gouvernement, et se plier au joug des lois et de la nécessité.

En même temps que Carnot s'occupait de cette pénible organisation, il travaillait à rappeler sous les drapeaux une foule de défenseurs de la patrie, que des revers inattendus en avaient éloignés; et ses mesures, à cet égard, eurent un tel succès, que bientôt les cadres de toutes les armées se trouvèrent au complet, principalement ceux des armées du Rhin, qui étaient les plus exposées. Rien ne fut négligé non plus pour réparer, sous le rapport du matériel, les pertes immenses qu'elles avaient essuyées; les effets les plus précieux furent mis en gage pour y parvenir plus sûrement et avec plus de promptitude.

Alors commença cette brillante campagne qui, après avoir forcé le roi de Sardaigne, celui de Naples et le duc de Parme à solliciter la paix; Rome et la Bavière, à acheter chèrement des armistices, ne se termina que par les préliminaires de Léoben, avec l'empereur d'Autriche dont la capitale était fortement menacée. Une de nos armées, cependant, avait éprouvé un violent échec en Allemagne, par suite de la mésintelligence qui existait entre les deux généraux qui y commandaient; mais surtout par l'extrême présomption de l'un, qui, ayant eu la prétention d'avoir les deux armées réunies sous son commandement, pensa pouvoir substituer ses plans à ceux du Directoire : il avait reçu l'ordre positif et réitéré de poursuivre l'ennemi l'épée dans les reins, de ne point lui donner de relâche et de le forcer le plutôt possible à une bataille décisive (12). Au lieu d'exécuter franchement cet ordre, il marcha avec une lenteur désespérante; conclut un armistice au lieu de combattre; laissa passer une seconde fois l'occasion favorable, et enfin, attaqué lui-même par les forces ennemies qu'il avait laissé se rassembler, fut complètement défait et forcé à la retraite, ainsi que l'armée du Rhin, dont les opérations étaient combinées avec la sienne, et à laquelle il devait se joindre : celle-ci était prête alors à se réunir, par sa gauche, avec elle, et par sa droite à l'armée d'Italie; toutes ensemble devaient marcher sur Vienne, et y dicter les conditions de la paix.

La cour d'Autriche ne se faisait pas illusion sur sa position : aussi lit-on dans les mémoires du prince-Charles, qui sans doute n'était pas très-disposé à admirer le Directoire, le passage suivant, sur cette campagne où il joua lui-même un si grand rôle.

« En forçant, dit-il, le général Wartens-
» leben à recevoir le combat, les Autri-
» chiens, sans doute, eussent été anéantis,
» et la campagne, peut-être même la guerre
» se fût terminée...... Tout concourut inuti-
» lement à procurer ce glorieux succès au
» général français, et c'est en vain que l'of-
» fensive lui donna l'initiative du mouve-
» ment; ses efforts ne visèrent point à forcer
» son adversaire à livrer une bataille..........
» Le Directoire cependant avait ordonné de
» poursuivre l'ennemi sans relâche, et de
» lui livrer une bataille décisive ; mais il en
» perdit la meilleure occasion.....; occasion
» souvent plus décisive que le gain de la ba-
» taille même..... Il y a des fautes et des
» pertes réparables ; mais à la guerre ce n'est
» pas celle du temps......»

Ce plan si vaste et si bien conçu ayant

ainsi échoué par l'amour-propre et les fautes d'un général, donna lieu à de nouvelles combinaisons qui, un peu plus tard, amenèrent à peu près les mêmes résultats, des préliminaires de paix avec l'Autriche : ce furent les dernières opérations militaires auxquelles Carnot concourut comme membre du Directoire.

La Vendée avait été pacifiée presque sans effusion de sang; et les mêmes troupes qui avaient opéré cette pacification étaient destinées à une expédition importante contre l'Irlande; cette expédition, qui présentait toutes les chances d'un succès éclatant, échoua par un événement de mer, difficile à expliquer, mais auquel n'eurent aucune part ceux contre qui elle était dirigée. La frégate qui portait l'amiral et le général en chef Hoche, la meilleure voilière de l'escadre, ne put arriver dans la baie de Bantry, lieu du rendez-vous, tandis que tous les autres vaisseaux y parvinrent successivement avec les troupes de débarquement.

Les préliminaires de Léoben portaient qu'on rendrait la place de Mantoue, que Bonaparte pensait pouvoir être suppléée, même avec avantage pour la sûreté de la république Cisalpine, par celle de Pizzighitone; mais le triumvirat du Directoire voulait garder Mantoue; Bonaparte lui proposa alors de céder Venise au lieu de Mantoue. Cette proposition avait déjà été faite par Carnot qui désirait la conclusion de la paix; le triumvirat, qui ne la voulait pas, ne consentit à céder ni Venise ni Mantoue; si la paix avait été dans ses intentions, il eût pu la conclure cinq mois plutôt, aux mêmes conditions qu'il finit par accepter après le 18 fructidor, parce qu'il sentit alors que la paix était le meilleur argument en faveur de cette journée: il faisait effectivement supposer, en la concluant, que c'étaient les directeurs proscrits qui s'y étaient constamment opposés, et que lui, au contraire, s'était empressé de répandre ce grand bienfait, aussitôt qu'il s'était trouvé débarrassé de ses entraves, comme s'il n'avait pas eu toute autorité pour la conclure, malgré l'opposition supposée de ses victimes (13).

Ce fut lors de la discussion des préliminaires de Léoben, que Carnot s'aperçut d'un changement marqué dans la conduite de ses collègues à son égard; ils le trouvaient beaucoup trop prononcé pour la paix, lorsqu'ils auraient voulu courir à de nouvelles expéditions, et ils pensaient pouvoir facilement se passer de ses talens et de son expérience, pour continuer la guerre, d'après la situation victorieuse où se trouvaient nos armées; Bonaparte, cependant, avait jugé nécessaire à la sûreté de celle qu'il commandait, de conclure le traité de Léoben; il était informé que *Joubert, malgré sa résistance plus qu'humaine, malgré ses combats de géans, n'en avait pas moins été forcé dans le Tyrol; que l'ennemi n'en était pas moins rentré dans Trieste, que l'armée n'en était pas moins menacée sur ses deux flancs, inquiétée sur ses derrières, par les insurgés des États de*

Venise attendant avec des poignards le moment de nous exterminer. Tout cela était égal aux triumvirs, et Barras, le plus ardent d'entre eux, ne pouvant contenir sa rage, se leva un jour brusquement, et s'adressant à Carnot comme un furieux, lui dit : *Oui ! c'est à toi que nous devons l'infâme traité de Léoben;* mais Reubell lui fit un signe pour lui donner à entendre qu'il était impolitique d'attribuer à Carnot seul l'honneur de la pacification. Celui-ci était président du Directoire, et en cette qualité il avait signé les dépêches qui autorisaient Bonaparte à conclure le traité définitif d'après les bases établies dans les préliminaires. Le courrier parti, il apprit, par voie étrangère, qu'il en avait été expédié un autre quelques heures après pour la même destination. Lorsque le ministre des relations extérieures Talleyrand parut à la séance du lendemain, Carnot lui demanda d'un air sévère ce que c'était que ce second courrier? Le ministre déconcerté pâlit, balbutia, et finit par répondre que ce second courrier était porteur d'une ampliation d'instructions : cette ampliation d'instructions n'était autre chose qu'un contre-ordre donné à l'insu de Carnot par les triumvirs.

Depuis cette époque il ne cessa de les trouver constamment opposés à toutes ses propositions quelles qu'elles fussent, quand jusque-là elles avaient presque toujours été adoptées après une très-légère discussion, et le plus souvent même de confiance.

Tant que dura cette confiance au moins apparente, tout prospéra entre les mains du Directoire ; les conspirations de toutes couleurs furent déjouées, les subsistances assurées, les espèces mises en circulation ; les armées partout victorieuses et la paix conquise...... Carnot ne resta étranger à aucun de ces travaux : pendant long-temps ses collègues reconnaissant ses talens et profitant de son extrême facilité et de son opiniâtreté au travail, qui favorisait leur amour du repos et des plaisirs, il s'occupa conjointement avec eux, mais alors sans jalousie de part ni d'autre, des objets dont ils étaient plus spécialement chargés.

Tout changea après le traité de Léoben : à une bienveillance extraordinaire, à laquelle il ne s'était pas attendu, et dont il s'étonnait encore tous les jours, succédèrent les marques les moins équivoques de la plus complète animadversion.

Carnot avait espéré que les succès rapides et multipliés de nos armées, amèneraient une paix générale, avant l'époque fixée pour le tirage au sort de celui des membres qui devait sortir du Directoire ; et dans cette supposition, il avait formé le projet d'inviter ses collègues à le faire tomber sur lui; mais ce tirage ayant eu lieu avant même la signature des préliminaires de Léoben, il crut devoir ajourner cette détermination, dans l'intime conviction où il était que ses collègues, après lui, se refuseraient opiniâtrément à toutes propositions de paix; il crut donc devoir faire encore le sacrifice de sa tranquillité et de ses goûts, à cette paix objet de tous ses vœux et à laquelle il croyait qu'était attachée la prospérité de la république, peut-être même son existence : il mettait une extrême importance à voir finir *la guerre de la révolution*, dont l'heureuse issue aurait été la reconnaissance politique de la république française, par toutes les puissances de l'Europe; toute guerre subséquente, si elle fût devenue nécessaire, aurait eu dès-lors un autre caractère, ce à quoi il attachait beaucoup de prix.

Tant que le tirage au sort ne fut pas effectué, les triumvirs furent retenus par la crainte qu'il ne leur devînt pas favorable; mais une fois rassurés à cet égard, ils ne mirent plus de bornes à leur ressentiment, et la perte de Carnot fût résolue ainsi que celle de Barthélemy, non moins partisan de la paix que Letourneur qu'il venait de remplacer.

On a dit, dans le monde, que c'était par suite d'un arrangement entre les cinq directeurs, que le sort était tombé sur Letourneur; le fait est qu'il n'y eut aucun arrangement de cette espèce; il fut seulement convenu que celui sur qui le sort tomberait, recevrait dix mille francs de chacun de ses collègues, ce qui eut effectivement lieu (14). Quelle différence pour le bonheur de la France dans les résultats, si, au lieu de Letourneur, un des triumvirs fût sorti!

Si, après le 18 fructidor, ils ont consenti à cette paix, pour laquelle ils montraient tant de répugnance, et qui eût pu être conclue long-temps auparavant, avec des conditions même plus avantageuses, c'est qu'ainsi que nous l'avons vu, ils espéraient par-là rejeter sur leurs victimes leur odieux projet d'une guerre d'extermination : la proscription de Carnot a donc au moins produit, pour le moment, ce bon effet, la conclusion de la paix, mais dès que leur puissance usurpée a été affermie, ils ont recommencé la guerre avec une nouvelle fureur, mais non plus avec un égal succès.

Tant que Carnot resta au Directoire, il s'opposa de toutes ses forces à une rupture avec les Suisses qu'il regardait, d'après la nature de leur gouvernement, comme les alliés naturels de la France républicaine, particulièrement les cantons démocratiques; leur ancienne alliance avec la France garantissait d'ailleurs ses frontières sur une étendue de quarante lieues, ce qui la dispensait d'y entretenir une armée et des places fortes. Toutes ces considérations s'évanouirent aux yeux passionnés des triumvirs : « O guerre
» impie ! s'écrie Carnot, dans laquelle il
» semble que le Directoire ait eu pour objet
» de savoir combien il pouvait immoler à
» son caprice, de victimes choisies parmi
» les hommes libres, les plus pauvres et les
» plus vertueux ; d'égorger la liberté dans
» son berceau, de punir les rochers helvéti-
» ques pour lui avoir donné le jour. Dignes
» émules de Gesler, les triumvirs ont voulu
» aussi exterminer la race de Guillaume
» Tell. La mort du tyran a été vengée par

« eux; les chefs des familles démocratiques
« lui ont été offerts en expiation; ils sont
« morts en défendant l'entrée de leur petit ter-
« ritoire et la violation de leurs foyers; leurs
« troupeaux effrayés ont fui dans le désert;
« les glaciers ont retenti du cri des orphelins
« que la faim dévore; et les sources du
« Rhin, du Rhône et de l'Adda, ont porté
« à toutes les mers les larmes des veuves
« désolées.

« Heureusement je ne puis être soup-
« çonné d'avoir pris part à ces actes désho-
« norans; si j'avais été au Directoire, ce se-
« rait moi qu'un jour on en aurait accusé;
« puissent les suites politiques de ces évé-
« nemens n'être jamais fatales à la France! »
Ne semblait-il pas prévoir les catastro-
phes de 1814 et 1815, pour lesquelles les
Suisses prêtèrent passage et secours à nos
ennemis, lorsque par leur simple neutralité
ils eussent pu nous être si utiles?

Bonaparte, quoique partout victorieux,
s'était aussi fortement prononcé pour la paix:

les triumvirs, n'ignorant pas l'estime et la confiance mutuelle qui existait entre lui et Carnot, qu'ils savaient être en correspondance journalière, travaillèrent sourdement à la détruire; ils avaient cru y avoir réussi lorsque, presqu'à la veille du 18 fructidor, ils interceptèrent une lettre de ce général par laquelle ils purent s'assurer que cette estime et cette confiance étaient plus grandes que jamais; ce dont Bonaparte avait expressément chargé son aide-de-camp Lavalette, alors à Paris, d'assurer Carnot (15).

La part qu'eut Bonaparte au 18 fructidor a rendu long-temps difficile à expliquer cette apparente contradiction de son extrême bienveillance pour Carnot à cette époque et de sa proscription; mais les Mémoires de M. de Las Cases ont enfin donné le mot de l'énigme. L'on y voit effectivement que Bonaparte s'attendait à une toute autre issue de la journée qu'il avait préparée par des adresses à son armée; mais que voyant la tournure que prenaient les affaires, il s'était opiniâtrément refusé d'envoyer l'argent sur lequel on comptait pour la faire réussir, ce qui, toutefois, ne l'empêcha pas d'avoir lieu. Il s'attira par là de vifs reproches, et il lui fut envoyé un commissaire, le secrétaire de Barras, pour lui demander compte de sa conduite en cette occasion; quoique son premier mouvement eût été de le faire fusiller, il se contenta de le renvoyer avec des explications insignifiantes.

L'on voit percer dans ces Mémoires le projet qu'avait déjà formé Bonaparte de s'emparer du gouvernement, ce qu'il eût commencé à exécuter en faisant marcher quinze mille hommes sur Lyon; mais il est à croire que Carnot étant resté au Directoire, eût pu par sa vigilance, son énergie et ses talens, l'empêcher de mettre ce projet à exécution. Il eut bien moins de difficultés à surmonter à son retour d'Égypte; le Directoire avait fait alors éprouver à la France tous les maux qu'entraîne après soi une inepte et monstrueuse administration.

L'on a beaucoup dit et répété que Barras avait fait nommer Bonaparte au commandement de l'armée d'Italie, lorsqu'il est de fait qu'il n'y a été nommé que sur la présentation de Carnot qui, ayant cru démêler en lui, quoiqu'il fût très-jeune, toutes les qualités d'un excellent général, ne craignit pas de s'exposer à la responsabilité qui pesait sur lui, s'il n'eût pas justifié ses espérances : ce ne fut qu'après ses brillans succès que Barras s'avisa, pour s'en faire un mérite, de dire en confidence à ses courtisans, que c'était à lui qu'on devait cette nomination, lorsqu'il n'y eut réellement d'autre part que de ne s'y être pas opposé (16).

Carnot ne tarda pas à s'apercevoir que, bien que Bonaparte fût un général plein de talens, il était à craindre que, n'ayant pas moins d'ambition que de mérite, il ne fît bientôt courir des dangers à la liberté publique : dans son inquiétude, il en conféra plusieurs fois avec quelques personnes en qui il avait la plus haute confiance ; toutes reconnurent les plus grandes difficultés à rappeler au milieu de ses conquêtes un homme aussi entreprenant ; on pouvait craindre même de lui fournir un prétexte de désobéissance et conséquemment de révolte ouverte. Carnot ne crut donc pas prudent d'en faire la proposition à ses collègues qui très-probablement ne l'auraient point adoptée, tant par les mêmes motifs, que peut-être par d'autres, d'intérêt personnel. Il dut se contenter de surveiller et de prendre des mesures indirectes, pour éviter une pareille catastrophe ; et ce fut une des raisons qui lui firent désirer plus vivement encore la paix. Il eut lieu, par la suite, de soupçonner que Bonaparte n'avait point ignoré une partie des confidences qu'il avait faites à cet égard, et qu'il avait même pu en conserver quelque ressentiment, quoique cependant il ait toujours évité de lui en parler d'une manière positive.

Carnot avait rétabli au Directoire le cabinet historique et topographique qu'il avait créé au comité de salut public, dans l'intention d'écrire lui-même l'histoire de la guerre de la révolution; une foule de matériaux qu'il avait rassemblés dans cette intention, ainsi que les minutes de ses lettres aux divers généraux, celles de Bonaparte et beaucoup d'autres papiers importans, ayant été mis sous les scellés au 18 fructidor, lui ont été enlevés et ne lui ont jamais été restitués : la France a été ainsi privée du plus beau monument qu'on pût élever à la gloire de ses armes, et en même temps du plus instructif pour la science militaire.

Au milieu de ses nombreuses et importantes occupations, Carnot ne négligeait pas l'étude des sciences et des lettres; chaque semaine il y avait chez lui une réunion de savans, où, sans aucune distinction de rangs, on s'occupait des moyens de faire faire des progrès aux sciences et de les mettre en honneur : c'est là que fut conçue la première idée de réunir les hommes d'un mérite éminent, dans tous les genres, pour en former une seule compagnie savante, divisée en plusieurs sections et en plusieurs classes, sous le nom *d'institut national*; Carnot y fut porté dès son organisation à la première classe, celle des sciences mathématiques. A l'époque de sa proscription de fructidor, il y fut remplacé par Bonaparte; réélu de nouveau après le 18 brumaire an VIII, il en a été de nouveau écarté en 1815.

Lorsqu'on l'aurait cru entièrement absorbé dans les conceptions militaires et les affaires d'État, Carnot publiait un ouvrage profond, traduit depuis dans presque toutes les langues de l'Europe; ses *Réflexions sur la métaphysique du calcul infinitésimal*, et il en préparait d'autres, qu'il fit paraître dans la suite.

Il laissait sortir de sa plume des poésies légères, telles qu'en eût pu faire l'homme le moins occupé et le plus répandu dans la société (17); quoique ses goûts et ses occupations habituelles lui permissent peu de s'y livrer, il en faisait toutefois le charme des

qu'il y paraissait : on ne pouvait trop s'étonner de la gaîté et de la liberté d'esprit qu'il y apportait, passant rapidement des matières les plus sérieuses et les plus abstraites, au ton le plus aimable, aux plaisanteries les plus fines et les plus délicates ; quittant avec une égale facilité les unes pour les autres, et s'y faisant toujours avantageusement remarquer ; conservant la même fraîcheur de tête, la même présence d'esprit au milieu des embarras, des dangers, des affaires graves et compliquées. C'est ainsi qu'il vit arriver le 18 fructidor, à qui, s'il eût voulu, il aurait pu faire prendre une toute autre direction ; mais dont il aima mieux être victime, que de donner lui-même l'exemple de la violation de la constitution que, comme un des premiers magistrats, il était spécialement chargé de défendre ; n'apercevant au-delà qu'un abîme sans fond, l'anarchie ou le despotisme.

Ses collègues ne voyaient, ou feignaient de

ne voir, dans la majorité des conseils, qu'une réunion de conspirateurs, de véritables contre-révolutionnaires. Carnot, qui jugeait avec plus de bonne foi (18), ne les y apercevait qu'en petite minorité; les ennemis du Directoire, les siens même, ne lui paraissaient pas, pour cela seul, les ennemis de la chose publique, et il était loin de penser qu'il fallût déchirer la constitution parce qu'elle éprouvait quelques entraves dans sa marche; pas plus qu'arrêter la liberté de la presse, parce qu'au milieu des biens immenses qu'elle procure, elle fait naître quelques obstacles sur sa route. Il ne se dissimulait pas toutefois qu'il pouvait arriver telles circonstances, dans un ordre de choses nouveau et non encore assez long-temps éprouvé, qui obligeassent à quelques changemens; mais ces circonstances ne lui paraissaient pas être, à beaucoup près, celles où l'on se trouvait alors, et rien ne lui semblait plus facile que de sortir de la crise où l'on était, avec la fermeté unie à la modération.

Carnot ne se faisait point illusion sur les maux incalculables résultant de la mésintelligence qui existait entre les conseils et le Directoire; mais cette mésintelligence n'étant que le résultat de l'ambition et des passions de quelques hommes, il était loin de penser qu'il fût impossible de les ramener ou de neutraliser leur perfide influence; il y travaillait avec tout le zèle dont il était capable, lorsque, quelques jours avant le 18 fructidor, il fut instruit d'une manière positive que tout était préparé pour cet événement et qu'il devait en être une des premières victimes. Plusieurs personnes d'un grand poids lui proposèrent de prendre l'initiative sur ses collègues et lui offrirent des moyens certains de se soustraire au moins à leur attentat; il demeura inébranlable dans la résolution de rester à son poste jusqu'au dernier moment, et surtout de ne point prévenir un crime par un autre crime auquel il aurait consenti; il se contenta de prendre des mesures pour échapper à ses bourreaux, préférant ainsi le rôle de proscrit à celui de proscripteur.

Dans la nuit même du 18 fructidor, un jeune officier distingué vint lui demander l'autorisation de brûler la cervelle à un des tyrans; c'est ainsi que déjà il désignait les triumvirs: Carnot le calma et le fit rougir d'un zèle inconsidéré, qui s'alliait mal avec l'honneur militaire; cet officier a été tué depuis en combattant glorieusement à la tête de son régiment.

Toujours à son poste, Carnot ne quitta le Directoire que lorsque *les soldats préposés à sa garde* eurent violé son domicile pour l'arrêter : le hasard seul lui fit éviter en se retirant les poignards des assassins. Quelque malheureux fut sans doute victime d'une méprise, puisque, pendant long-temps et jusqu'à ce que Carnot eût été reconnu en Suisse par les agens des Directeurs, ceux-ci furent convaincus qu'il n'existait plus, et faisaient montrer, dans le jardin du Luxembourg, le lieu où ils prétendaient qu'il avait été enterré (19).

Inquiété en Suisse par ces vils agens, il se hâta de se réfugier, sous un nom emprunté, dans une ville libre d'Allemagne, où, vivant ignoré, il se livra de nouveau tout entier à son étude favorite, celle des sciences. C'est là qu'ayant eu connaissance du rapport de Bailleul sur le 18 fructidor, il publia cette réponse si connue, dans laquelle il stigmatisa, d'une manière indélébile, les triumvirs et leurs complices; écrit qui leur porta le coup mortel, en déversant sur eux, à grands flots, avec l'accent de la vérité et de l'indignation, la honte et le mépris qu'ils méritaient.

Carnot se peint tout entier dans les dernières pages de cet ouvrage.

« Mon but, dit-il, fut de faire aimer la
» république, en lui donnant pour base
» une liberté réelle et non consistante dans
» des expressions dérisoires. J'ai voulu con-
» server à la représentation nationale du

» grand peuple, le rang suprême que la
» nature des choses ordonne, et que la
» constitution lui désigne. J'ai désiré que
» les citoyens fussent dirigés dans leur con-
» duite par des institutions converties en
» habitudes, plus que par les menaces de
» la loi ; enfin j'ai pensé qu'il valait mieux
» laisser les préjugés se dissiper insensi-
» blement par les lumières de la raison, que
» de les extirper avec violence..... »

« Je n'ai point usé du long exercice du
» pouvoir qui m'a été confié, pour amasser
» des richesses, pour élever mes parens
» aux emplois lucratifs; mes mains sont
» nettes et mon cœur pur. »

« Je ne cesserai de tourner mes regards
» vers ma patrie : personne n'a le droit de
» me dépouiller de la qualité de citoyen,
» que m'a donnée la constitution, que j'ai
» méritée par mon amour pour elle, par
» mon zèle à la servir; je ne reconnais
» point des actes arbitraires, ni l'œuvre de
» la tyrannie : je demande un jugement

» régulier et constitutionnel, et je ne crains
» ni la sévérité des juges, ni l'exaltation des
» jurés : quels qu'ils soient les uns et les
» autres, je suis sûr d'être aussi républicain
» qu'eux; je ne réclame que leur liberté
» dans l'émission de leur acte déclaratoire;
» mon seul crime, je le répète, on ne
» m'en trouvera point d'autre, est d'avoir
» voulu empêcher que le peuple français
» eût des tyrans. J'ai dû échouer dans ce
» projet, parce que je n'ai voulu opposer
» que les moyens autorisés par la consti-
» tution dont le dépôt m'était confié, à des
» monstres pour lesquels il n'y a rien de
» sacré.

» O France ! ô ma patrie ! ô grand peu-
» ple, véritablement grand peuple ! c'est
» sur ton sol que j'eus le bonheur de naître;
» je ne puis cesser de t'appartenir qu'en
» cessant d'exister. Tu renfermes tous les
» objets de mon affection : l'ouvrage que mes
» mains ont contribué à fonder ; le vieillard
» probe qui me donna le jour; une famille

» sans tache ; des amis qui connaissent le
» fond de mon cœur, qui savent si jamais
» il conçut d'autre pensée que celle du bon-
» heur de ses compatriotes, s'il forma d'au-
» tre vœu que celui de ta gloire immortelle,
» de ta constante prospérité : reçois ce vœu
» que je renouvelle chaque jour, que j'a-
» dresse en ce moment à tout ce que tu
» contiens d'ames honnêtes et vertueuses, à
» tous ceux qui conservent au-dedans d'eux-
» mêmes l'étincelle sacrée de la liberté ; et
» je finis par la prière des Spartiates : *O*
» *dieux ! faites que nous puissions supporter*
» *l'injustice !* »

L'homme qui en 1798 écrivait ces pages si touchantes, si bien empreintes de l'amour sacré de la patrie, est mort vingt-cinq ans après, banni une seconde fois de cette même patrie, après l'avoir illustrée de nouveau par de nombreux et brillans services !......

Carnot, depuis plus de deux ans, avait disparu de la scène politique, où il ne vivait plus que par souvenir, lorsque le Directoire qui avait comblé les maux de la France, par son despotisme, ses vues étroites et sa mauvaise administration, fut enfin renversé aux applaudissemens de toute la nation, par la révolution du 18 brumaire an VIII. Le gouvernement consulaire qui lui succéda, fit cesser la proscription de fructidor, et cédant au torrent de l'opinion publique, appela Carnot au ministère de la guerre, après l'avoir préalablement nommé inspecteur-général aux revues et président du comité de ce nouveau corps dont l'organisation lui fut confiée.

L'entrée de Carnot au ministère de la guerre, parut être un gage de nouvelles victoires ; l'on n'avait pas oublié les brillans succès obtenus sous sa direction, tant au comité de salut public qu'au Directoire ; ni les nombreux revers qu'on avait essuyés toutes les fois qu'il l'avait quittée.

Depuis qu'en l'an VII, les Directeurs avaient jugé à propos de recommencer les hostilités, nos armées avaient éprouvé des désastres véritablement inconcevables : nous étions partout sur la défensive, une guerre impolitique autant qu'impie avait ouvert, du côté de la Suisse, nos frontières garanties jusqu'alors par son alliance et sa fidélité; toute l'Italie était évacuée jusqu'à Gênes où les débris de nos armées jadis triomphantes, alors étroitement bloqués, se consumaient de regrets et de misères; à peine pouvions-nous nous soutenir en Allemagne, sur la rive droite du Rhin; la Vendée s'était soulevée de nouveau; les finances de l'État étaient épuisées; nul approvisionnement; partout dans l'intérieur un mécontentement profond. Le retour de Bonaparte, le rappel de Carnot, les talens de Moreau et de quelques autres généraux firent renaitre l'espérance : tout reprit une nouvelle activité entre leurs mains : l'armée de réserve, destinée à porter les plus grands coups, fut organisée et approvisionnée comme par enchantement; pendant que Bonaparte se rendait en Suisse, pour pénétrer en Italie, dans les anciens champs de sa gloire, Carnot allait à l'armée du Rhin combiner, avec Moreau, d'autres moyens de succès, et assurer, par le secours d'un corps tiré de cette armée, les triomphes de celle qui était appelée à jouer, en ce moment, le rôle principal. Le mont Saint-Bernard est franchi par un nouvel Annibal, et la seule bataille de Marengo remet toute l'Italie sous la puissance des Français : des triomphes nombreux succèdent rapidement au premier ; et la république reprend en un instant toute la prépondérance que lui avait fait perdre la plus stupide ineptie, jointe à toutes les passions les plus viles.

Par les soins de Carnot, l'ordre et l'économie sont rétablis dans l'administration de la guerre (20) ; les cendres de Turenne, ensevelies dans la poussière, sont portées en pompe au temple de Mars (21) ; et Latour d'Auvergne, le brave des braves, est proclamé premier grenadier de France (22). Le même esprit anime toutes les troupes, amour de la patrie, bravoure et discipline ; une nouvelle ère s'ouvre à de nouveaux succès, qui, en rappelant les premiers, doivent porter à son comble la gloire de la France.

Carnot, cependant, n'approuvait pas tous les projets du gouvernement; il s'apercevait de sa tendance à un autre ordre de choses, sans que son emploi, quelqu'éminent qu'il fût, lui offrît aucun moyen de s'y opposer avec quelqu'espérance de succès : satisfait d'avoir pu contribuer à tirer la France du chaos où elle était plongée; reconnaissant d'ailleurs dans le chef du gouvernement toutes les connaissances et les talens militaires, propres à se passer dorénavant de son expérience et de son secours; sans aucune espèce d'ambition personnelle, et considérant le ministère, plutôt comme un véritable fardeau que comme un avantage réel, Carnot donna sa démission du ministère de la guerre, au grand étonnement de tous les adorateurs du crédit et de la fortune. Sur les instances pressantes des consuls, tant verbales que par écrit, il consentit à conserver momentanément le porte-feuille; mais peu de temps après, voyant le même système étendre ses racines, il renouvela sa démission, et, sans attendre réponse, il quitta l'hôtel de la guerre et se retira loin de Paris, dans le sein de sa famille : là il lui fut fait de nouvelles ouvertures pour le rappeler; mais elles furent toutes infructueuses.

A sa première démission, Bonaparte lui avait écrit, en date du 14 fructidor an VIII:

« Les consuls désirent, citoyen ministre,
» que vous continuiez les fonctions que vous
» exercez depuis six mois avec autant de
» zèle que d'utilité pour la patrie.

» Vous avez amélioré l'administration de
» la guerre ; mais il reste encore de plus
» grandes améliorations à faire : il faut que
» votre ministère, lorsque vous le quitte-
» rez, ait tracé une marche d'économie et
» d'ordre, dont l'influence se fasse long-
» temps sentir. Des indispositions passagè-
» res ne peuvent pas être suffisantes pour

» vous empêcher d'achever votre ouvrage.
» Dans toutes les carrières, la gloire n'est
» qu'au bout. Salut affectueux......
» Le premier consul,
» BONAPARTE. »

Cette lettre lui fut remise par le consul Lebrun lui-même.

La seconde lettre de démission de Carnot était ainsi conçue :

« Le 16 vendémiaire an IX.
» Citoyens consuls, je vous donne de
» nouveau ma démission; veuillez bien ne
» plus différer à l'accepter.— Salut et respect.
» CARNOT (23). »

Les nombreuses occupations de Carnot, pendant son court ministère, ne l'empêchèrent pas de continuer à cultiver les sciences ; il publia une *lettre au citoyen Bossut, membre de l'Institut, contenant des vues nouvelles sur la trigonométrie.*

Rendu à la vie privée, elles l'occupèrent plus essentiellement encore, et il fit paraître, en 1801, deux ouvrages importans, l'un sur la *géométrie de position*, l'autre sur la *corrélation des figures de géométrie*.

Rappelé comme tribun aux affaires publiques, par le sénat conservateur, en 1802, Carnot développa, dans cette nouvelle carrière, le courage et l'énergie dont il avait donné tant de preuves jusqu'alors : il y vit dérouler successivement tout le plan du système dont il avait saisi les premiers linéamens au ministère de la guerre; mais il put alors s'y opposer d'une manière directe : il en saisit la première occasion lors de la création de l'ordre de la légion d'honneur qui lui paraissait s'éloigner des principes du gouvernement républicain, où il ne doit y avoir entre les citoyens, d'autres distinctions que celles des emplois publics, principes auxquels sont revenus les États-Unis, qui d'abord s'en étaient écartés. Il ne crut pas cependant devoir refuser la décoration de cet ordre, qu'il reçut par mesure générale, comme membre du Tribunat; c'eût été, suivant lui, se mettre en révolte ouverte contre les lois alors existantes, ce qui était directement opposé à ses principes; il avait fait tout ce qui dépendait de lui, comme magistrat du peuple, pour y mettre obstacle; mais en la même qualité, il devait donner l'exemple d'obéissance à la loi : il avait dû se retirer du ministère, lorsqu'il ne pouvait plus être qu'un instrument passif d'un ordre de choses qui lui paraissait saper les fondemens de la liberté; mais au Tribunat son rôle ayant entièrement changé, il crut de son devoir de s'opposer aux empiétemens du despotisme, et à tout ce qui pouvait le faciliter; telle lui parut être la création de la légion d'honneur, qui, outre le grave inconvénient de mettre entre les citoyens des distinctions arbitraires, donnait à un seul homme le droit d'accorder ces distinctions, et de se faire ainsi une foule de créatures dévouées; ordre de choses absolument incompatible avec le système républicain.

Carnot avait entrevu le but où l'on voulait arriver; mais, loin de se décourager, son

ame en acquit une nouvelle vigueur : convaincu que dans un état républicain, les emplois publics ne doivent être que temporaires, il s'éleva de toutes ses forces contre l'érection du consulat à vie, sans craindre de se faire un ennemi de l'homme qui déjà était tout-puissant. Son énergie redoubla lorsqu'il fut question de porter Bonaparte au trône impérial, et d'établir un gouvernement héréditaire : *seul*, il osa s'y opposer avec une force de logique et une éloquence digne de l'ancienne Rome : « Quelques services, dit-il,
» qu'un citoyen ait pu rendre à sa patrie,
» il est des bornes que l'honneur autant
» que la raison, imposent à la reconnais-
» sance nationale. Si ce citoyen a restauré
» la liberté publique, s'il a opéré le salut de
» son pays, sera-ce une récompense à lui
» offrir que le sacrifice de cette même li-
» berté ? Et ne serait-ce pas anéantir son
» propre ouvrage, que de faire de ce pays
» son patrimoine particulier ?....

» Tous les argumens faits jusqu'à ce jour

» sur le rétablissement de la monarchie en
» France, se réduisent à dire que sans elle il
» ne peut exister aucun moyen d'assurer la
» stabilité du gouvernement et la tranquillité
» publique, d'échapper aux discordes intes-
» tines, de se réunir contre les ennemis du
» dehors; qu'on a vainement essayé le système
» républicain de toutes les manières possi-
» bles; qu'il n'a résulté de tant d'efforts que
» l'anarchie, une révolution prolongée ou
» sans cesse renaissante, la crainte perpé-
» tuelle de nouveaux désordres; et, par suite,
» un désir universel et profond de voir réta-
» blir l'antique gouvernement héréditaire,
» en changeant seulement la dynastie. C'est
» à cela qu'il faut répondre.

» J'observerai d'abord que le gouvernement
» d'un seul n'est rien moins qu'un gage as-
» suré de stabilité et de tranquillité. La du-
» rée de l'empire romain ne fut pas plus
» longue que ne l'avait été celle de la ré-
» publique. Les troubles intérieurs y furent
» encore plus grands, les crimes plus mul-

» tipliés : la fierté républicaine, l'héroïsme,
» les vertus mâles, y furent remplacés par
» l'orgueil le plus ridicule, la plus vile adu-
» lation, la cupidité la plus effrénée, l'in-
» souciance la plus absolue sur la prospérité
» nationale. A quoi eût remédié l'hérédité
» du trône ? Ne fut-il pas regardé par le fait
» comme l'héritage légitime de la maison
» d'Auguste ? Un Domitien ne fut-il pas le
» fils de Vespasien; un Caligula, le fils de
» Germanicus; un Commode, le fils de Marc-
» Aurèle ?

» En France, à la vérité, la dernière dy-
» nastie s'est soutenue pendant huit cents
» ans; mais le peuple fut-il moins tour-
» menté ? Que de dissensions intestines ! Que
» de guerres entreprises au dehors pour des
» prétentions, des droits de succession, que
» faisaient naître les alliances de cette dy-
» nastie avec les puissances étrangères ! Du
» moment qu'une nation entière épouse les
» intérêts particuliers d'une famille, elle est
» obligée d'intervenir dans une multitude

» d'événemens qui, sans cela, lui seraient
» de la plus parfaite indifférence......

» Bonaparte a pu choisir entre le système
» républicain et le système monarchique.....
» Le dépôt de la liberté lui était confié, il
» avait juré de la défendre; en tenant sa
» promesse, il eût rempli l'attente de la na-
» tion..... Il se fût couvert d'une gloire in-
» comparable; au lieu de cela, que fait-on
» aujourd'hui? On propose de lui faire une
» propriété absolue et héréditaire d'un pou-
» voir dont il n'avait reçu que l'administra-
» tion..... Il est très-vrai qu'avant le 18 bru-
» maire, l'État tombait en dissolution, et que
» le pouvoir absolu l'a retiré des bords de
» l'abîme; mais que conclure de-là? Ce que
» tout le monde sait; que les corps po-
» litiques sont sujets à des maladies qu'on
» ne saurait guérir que par des remèdes
» violens; qu'une dictature momentanée est
» quelquefois nécessaire pour sauver la li-
» berté. Les Romains, qui en étaient si ja-
» loux, avaient pourtant reconnu la néces-

» sité de ce pouvoir suprême par intervalles.
» Mais parce qu'un remède violent a sauvé
» un malade, doit-on lui administrer chaque
» jour un remède violent? Les Fabius, les
» Cincinnatus, les Camille, sauvèrent la
» liberté romaine par le pouvoir absolu;
» mais c'est qu'ils se dessaisirent de ce pou-
» voir aussitôt qu'ils le purent; ils l'auraient
» tuée par le fait même, s'ils l'eussent gardé.
» César fut le premier qui voulut le conser-
» ver, il en fut la victime; mais la liberté
» fut anéantie pour jamais. Ainsi, tout ce
» qui a été dit jusqu'à ce jour sur le pou-
» voir absolu, prouve seulement la néces-
» sité d'une dictature momentanée dans les
» crises de l'État, mais non celle d'un pou-
» voir permanent et inamovible.

» Ce n'est point par la nature de leur gouver-
» nement que les grandes républiques man-
» quent de stabilité, c'est parce qu'étant im-
» provisées au sein des tempêtes, c'est tou-
» jours l'exaltation qui préside à leur établis-
» sement. Une seule fut l'ouvrage de la philo-

» sophie organisée dans le calme ; et cette
» république subsiste pleine de sagesse et de
» vigueur : ce sont les États-Unis de l'Amé-
» rique septentrionale qui offrent ce phé-
» nomène, et chaque jour leur prospérité
» reçoit des accroissemens qui étonnent les
» autres nations. Ainsi, il était réservé au
» nouveau monde d'apprendre à l'ancien,
» qu'on peut subsister paisiblement sous le
» régime de la liberté et de l'égalité. Oui,
» j'ose poser en principe, que lorsqu'on peut
» établir un nouvel ordre de choses, sans
» avoir à redouter l'influence des factions,
» comme a pu le faire le premier consul,
» comme il peut le faire encore, il est moins
» difficile de former une république sans
» anarchie, qu'une monarchie sans despo-
» tisme. Car comment concevoir une limita-
» tion qui ne soit point illusoire dans un
» gouvernement dont le chef a toute la force
» exécutive dans les mains et toutes les pla-
» ces à donner ? On a parlé d'institutions que
» l'on dit propres à produire cet effet : mais

» avant de proposer l'établissement du mo-
» narque, n'aurait-on pas dû s'assurer préa-
» lablement, et montrer à ceux qui doivent
» voter sur la question, que de pareilles ins-
» titutions sont dans l'ordre des choses pos-
» sibles? Que ce ne sont pas de ces abstrac-
» tions métaphysiques qu'on reproche sans
» cesse au système contraire? Jusqu'ici on
» n'a rien inventé pour tempérer le pouvoir
» suprême, que ce qu'on nomme des corps
» intermédiaires ou privilégiés : serait-ce
» donc d'une nouvelle noblesse qu'on vou-
» drait parler par ce mot d'institutions? Mais
» le remède n'est-il pas pire que le mal? Car
» le pouvoir absolu n'ôte que la liberté, au
» lieu que l'institution des corps privilégiés
» ôte tout à la fois et la liberté et l'égalité;
» et quand même dans les premiers temps
» les grandes dignités ne seraient que per-
» sonnelles, on sait assez qu'elles finiraient
» toujours, comme les grands fiefs d'autre-
» fois, par devenir héréditaires.... Il n'est
» pour le gouvernement qu'une seule manière

» (de se consolider; c'est d'être juste, c'est
» que la faveur ne l'emporte pas auprès de lui
» sur les services; qu'il y ait une garantie
» contre les déprédations et l'imposture....

» La liberté fut-elle donc montrée à
» l'homme pour qu'il ne pût jamais en jouir?
» fut-elle sans cesse offerte à ses vœux
» comme un fruit auquel il ne peut porter
» la main sans être frappé de mort? Ainsi la
» nature qui nous fait de cette liberté un
» besoin si pressant aurait voulu nous trai-
» ter en maître! Non, je ne puis consentir à
» regarder ce bien si universellement pré-
» féré à tous les autres, sans lequel tous les
» autres ne sont rien, comme une simple
» illusion. Mon cœur me dit que la liberté est
» possible, que le régime en est facile
» et plus stable qu'aucun gouvernement
» arbitraire, qu'aucune oligarchie.

» Cependant toujours prêt à sacrifier mes
» plus chères affections aux intérêts de la
» commune patrie, je me contenterai d'avoir
» fait entendre encore une fois l'accent

» d'une ame libre..... Je fis toujours profes-
» sion d'être soumis aux lois existantes,
» même lorsqu'elles me déplaisaient le plus;
» plus d'une fois je fus victime de mon
» dévouement pour elles, et ce n'est pas
» aujourd'hui que je commencerai à suivre
» une marche contraire : je déclare donc
» que tout en combattant la proposition
» faite, du moment qu'un nouvel ordre de
» choses sera établi, qu'il aura reçu l'assen-
» timent de la masse des citoyens, je serai
» le premier à y conformer toutes mes ac-
» tions, à donner à l'autorité toutes les mar-
» ques de déférence que commandera la
» hiérarchie constitutionnelle........ »

Ici se peint l'ame de Carnot tout entière; un ardent amour de la liberté sans licence; un courage qui brave tous les dangers pour la faire triompher; une soumission sans réserve aux lois, quel que soit d'ailleurs le gouvernement établi : ce sont ces mêmes principes mis en pratique, qui l'ont cons- tamment guidé, dans le cours de sa carrière politique, sans qu'aucune considération ni aucun intérêt personnel aient jamais pu l'en faire dévier un seul instant.

A sa sortie du Tribunat, Carnot s'empressa de rentrer dans la vie privée. Quoiqu'ayant long-temps disposé des places les plus éminentes de l'armée et d'une grande partie des trésors de l'État, il n'avait jamais voulu avancer lui-même dans son arme, qu'à son rang d'ancienneté (24); et à peine avait-il pu conserver intact son faible patrimoine auquel, en renonçant au service, il se trouva réduit. Si son extrême délicatesse n'était généralement connue, on pourrait en citer une foule de traits : ayant reçu du gouvernement une somme de 24,000 francs pour son voyage à l'armée du Rhin, lors de l'entrée de celle de réserve en Italie, il remit à son retour, 10,200 francs au trésor public où l'on se trouva embarrassé pour les porter en recette (25); il en avait déjà agi de même dans ses missions en qualité de représentant. Pendant son ministère de la guerre, un fournisseur dont il avait approuvé le marché étant venu lui apporter une somme assez considérable, comme un droit, disait-il, qui était dû au ministre en pareille circonstance, Carnot lui demanda à quelle époque il devait recevoir ses premiers paiemens du gouvernement; et le forçant à garder cette somme, il lui en fit donner quittance comme d'un premier à-compte reçu. Il semble voir Aristide rendant ses comptes : il en eut le sort.

Dégagé du poids des affaires publiques qui, depuis qu'il y était entré, en 1791, lui avaient occasioné tant de travaux, de soucis et de malheurs, il se livra tout entier à l'éducation de ses enfans et à l'étude des sciences, que, dans toutes les situations où il s'était trouvé, il n'avait jamais cessé de cultiver. Après le 18 brumaire, il avait été réélu d'une voix unanime à l'Institut national; il devint alors l'un de ses membres les plus assidus, y lut une foule de rapports et de mémoires du plus haut intérêt, et fit paraître successivement plusieurs ouvrages profonds; sous les titres suivans : *Principes fondamentaux de l'équilibre et du mouvement. — Mémoire sur la relation qui existe entre les distances respectives de cinq points pris dans l'espace; suivi d'un essai sur la théorie des transversales.*

Cependant Napoléon, au milieu de ses triomphes à Vienne, se rappelle après neuf ans d'oubli, que Carnot, qui le premier lui en avait ouvert le chemin, peut être malheureux, et par un décret daté de Schœnbrunn, le 23 août 1809, il lui accorde une pension de 10,000 francs comme ancien ministre de la guerre (*) : « Carnot » n'eût-il fait, écrivit-il à son ministre d'alors, » que de contribuer au déblocus de Mau- » beuge, il aura toujours des droits à ma » reconnaissance et à mon intérêt. »

(*) C'est par erreur que MM. de Montholon et de Las Cases rapportent dans les Mémoires de Napoléon, que Carnot reçut une pension de 20,000 francs. *Voyez* Pièces justificatives (26).

Peu de temps après, l'Empereur se plaint au même ministre du peu de défense que font en général les places fortes, et lui ordonne de faire faire un nouvel ouvrage sur cette partie importante de l'art de la guerre; il lui recommande de ne le confier qu'à quelqu'un de fort, tel, par exemple, que Carnot.... Quoiqu'alors assez sérieusement malade, Carnot consent à s'en charger dans l'espérance de pouvoir se rendre encore utile dans un art qu'il a approfondi et qui doit diminuer les malheurs de la guerre : en moins de quatre mois cet ouvrage est publié; bientôt après il est à sa troisième édition et traduit dans presque toutes les langues vivantes. L'esprit de corps s'élève en vain contre les théories qui y sont développées, le traité *de la défense des places fortes* devient classique en Europe, et les étrangers, dans les nombreux travaux qu'ils exécutent, s'empressent de mettre en pratique les principes qu'ils y ont puisés; ils ne craignent pas de placer son auteur à côté de celui dont il écrivit l'éloge, de Vauban, notre premier maître et le leur. Il est à croire que lorsque de semblables travaux s'exécuteront en France, l'exemple de nos voisins ne sera pas entièrement perdu pour nous qui jusqu'alors leur avions servi de modèles; cette plante, devenue exotique, reconnaîtra bientôt son sol natal, et ne tardera pas à s'y perfectionner.

Plusieurs années avant d'entreprendre cet ouvrage, Carnot avait proposé un nouveau système de fortifications qui fut trouvé assez important pour que le gouvernement en fît faire un modèle en relief, qui fut placé dans la vaste galerie de l'hôtel des Invalides, où est déposée la riche collection des plans de même nature, d'un très-grand nombre de places fortes, françaises et étrangères; malheureusement les alliés n'ont pas plus respecté ce curieux et utile établissement qu'ils n'ont respecté le Muséum.

Pendant le temps que Carnot s'occupait paisiblement des sciences, et qu'il goûtait, après tant d'orages, le bonheur d'une vie privée, la malveillance, qui ne s'endort jamais, le dénonçait à l'autorité comme un conspirateur dangereux. Un des chefs de la police, convaincu de l'importance d'une conspiration où figurerait Carnot, s'empressa d'en faire part à l'Empereur : celui-ci, le regardant d'un air de pitié, lui dit : Allez, mon cher, vous n'y entendez rien ; Carnot est sans doute mécontent, mais jamais il ne sera un conspirateur ; vous pouvez vous dispenser de le surveiller.

Les talens et les services de Carnot, quoiqu'il vécût depuis long-temps dans la retraite la plus absolue, ne furent pas entièrement oubliés. Le département de la Côte-d'Or, qui tenait à honneur de lui avoir donné le jour, le nomma, malgré les intrigues multipliées d'un parti puissant, candidat au sénat conservateur.

Carnot, depuis sa sortie du ministère de la guerre, n'avait pas vu l'Empereur ; il ne crut pas pouvoir se dispenser d'aller lui faire une visite de remercîment pour la pension qu'il en avait reçue : il en fut accueilli, au grand étonnement de tous les courtisans, avec un empressement et une distinction à laquelle il s'était lui-même très-peu attendu. L'Empereur l'introduisit dans son cabinet où ils se promenèrent tête-à-tête pendant plus d'une heure : Napoléon lui parla de sa démission du ministère, de son vote au Tribunat, qui, dit-il, lui avait dabord donné beaucoup d'humeur; en y réfléchissant toutefois, il l'en avait estimé davantage; beaucoup de vos collègues, ajouta-t-il, pensaient intérieurement comme vous; mais vous seul avez eu le courage de vous prononcer. Il lui parla, avec intérêt et en détail, de sa famille; lui laissa entrevoir qu'il désirerait trouver l'occasion de l'employer de nouveau au service de l'État : et en le reconduisant jusqu'à la salle d'audience, il lui dit très-haut : *Adieu, monsieur Carnot, tout ce que vous voudrez, quand vous voudrez, et comme vous voudrez !*

Dès-lors, cette foule de courtisans, qui, une heure auparavant, s'éloignaient de lui, feignant de ne pas le connaître, l'abordèrent d'un air empressé, comme un homme dans la plus haute faveur, maître déjà de plusieurs porte-feuilles : le jour suivant, il reçut des visites sans nombre; mais Carnot se contenta de cette première entrevue, ne demanda rien ni pour lui ni pour sa famille, et ne reparut plus au château.

L'Empereur était alors dans la plus haute prospérité : plus tard, au temps de ses malheurs et de ceux de la France, déjà en partie envahie, Carnot offrit ses services.

« Sire, lui écrivit-il le 24 janvier 1814,
» aussi long-temps que le succès a cou-
» ronné vos entreprises, je me suis abstenu
» d'offrir à Votre Majesté, des services que
» je n'ai pas cru lui être agréables; au-
» jourd'hui, sire, que la mauvaise fortune
» met votre constance à une grande épreuve,
» je ne balance plus à vous faire l'offre des
» faibles moyens qui me restent : c'est peu,

» sans doute, que l'offre d'un bras sexagé-
» naire ; mais j'ai pensé que l'exemple d'un
» soldat, dont les sentimens patriotiques
» sont connus, pourrait rallier à vos ai-
» gles beaucoup de gens incertains sur le
» parti qu'ils doivent prendre, et qui peu-
» vent se laisser persuader que ce serait
» servir leur pays que de les abandonner.

» Il est encore temps pour vous, sire, de
» conquérir une paix glorieuse, et de faire
» que l'amour du grand peuple vous soit
» rendu. — Je suis, etc..... »

Sur cette lettre, l'Empereur ayant nommé Carnot gouverneur d'Anvers, de toutes les places de l'empire, la plus importante alors, par sa position, sa grandeur et ses établissemens maritimes, celui-ci partit sans le voir, après s'être contenté de prendre les ordres du ministre de la guerre; le ministre ne lui dissimula pas qu'à en juger par l'impression que sa lettre avait faite sur l'Empereur, il n'y avait que lui qui eût pu se permettre de la lui écrire.

Carnot, sans perdre de temps, se rendit à son poste, au milieu des plus grands dangers : à son arrivée, il s'empressa de visiter les fortifications et les postes, de reconnaître les positions de l'ennemi, d'ordonner de nouveaux travaux de défense, de passer en revue et d'électriser les troupes, de visiter les hôpitaux, de s'assurer des approvisionnemens de tous genres, de prendre des mesures pour la subsistance et la tranquillité des nombreux habitans de cette place.

La garnison était alors de quatorze à quinze mille hommes de toutes armes; mais elle ne tarda pas à être diminuée de plus de cinq mille hommes de la garde, qui reçurent inopinément l'ordre de se réunir à l'armée active, ce qui la réduisait à un point qui pouvait lui paraître inquiétant; Carnot sut la rassurer.

Le bombardement commença le lendemain même de son arrivée, et dura trois jours; mais moyennant des précautions prises, il occasiona peu de dégâts, et n'ébranla en aucune manière le moral des troupes ni celui des habitans; il produisit même un effet contraire, en leur faisant apprécier à sa juste valeur cet odieux moyen de destruction, qui, au lieu de marquer la force, n'est qu'un véritable signe d'impuissance et de présomption : bientôt l'ennemi se vit forcé d'abandonner ses batteries. Carnot prit des mesures pour le faire échouer dans le cas où il tenterait des attaques plus sérieuses.

Très-borné dans le nombre des troupes destinées à la défense de la place, il ne se livra point, sans nécessité, à des excursions éloignées qui les auraient fatiguées et compromises ; il se pénétra du but qu'elles avaient à remplir, qui était, non de tenir la campagne contre des forces supérieures, mais de conserver la place qui leur était confiée ; il renonça à ces sorties *lointaines* toujours plus brillantes qu'utiles, à moins qu'elles n'aient un but spécial à remplir, tel que celui de se procurer des subsistances; sorties qui très-souvent accélèrent le moment de la reddition d'une place en la privant de ses meilleurs défenseurs : il se mettait en mesure de pratiquer ses propres préceptes *de la défense des places*, principes féconds en succès presqu'assurés, consistant à faire des sorties vigoureuses sur des détachemens qui ne peuvent être que faiblement soutenus, et un feu formidable sur les nombreux rassemblemens. Une place, en effet, ne peut être enlevée qu'en approchant soit de vive force, soit par industrie; dans le premier cas, que servirait d'opposer au dehors des forces moindres, qui ne peuvent être renouvelées, à des forces infiniment supérieures qui peuvent l'être, au contraire, à chaque instant? L'on pourrait ainsi perdre jusqu'à son dernier soldat, et se couvrir de gloire aux yeux du vulgaire; mais ce serait sans aucune utilité, et même au grand détriment de la chose qu'on aurait à défendre : des troupes ne sont pas parquées dans une place pour s'y faire égorger, mais bien pour que par leur bravoure, leur intelligence et leur bonne conduite, elles fassent éprouver de grandes pertes à l'ennemi, et empêchent cette place de succomber. Si donc il a l'audace ou l'imprudence de paraître en force aux abords d'une forteresse, il faut qu'il soit à l'instant chassé ou exterminé par son feu; toute sortie deviendrait alors nuisible ou au moins inutile : mais si préférant la marche mesurée de Vauban, il s'avance à couvert jusque sur les avenues rapprochées de la place, ne pouvant plus être soutenu que par de faibles détachemens, de vigoureuses sorties l'auront bientôt détruit ou mis en fuite, en culbutant ses travaux aussi souvent qu'il tenterait de les recommencer.

C'est dans le jeu alternatif de ces deux moyens que consiste réellement la véritable défense des places; mais ils doivent être employés par un homme de cœur et de tête.

Depuis Vauban, on n'avançait plus sur les glacis d'une place, que lorsqu'on avait éteint tous les feux, d'après les méthodes inventées par ce grand homme; ce ne serait plus la position où l'on se trouverait aujourd'hui, sous la grêle des *feux verticaux* indestructibles prescrits par Carnot, et avec lesquels il se préparait, à Anvers, à recevoir les troupes coalisées, si elles eussent osé en faire l'épreuve.

C'est une manière bien peu réfléchie que celle de prétendre défendre les places par des sorties et des feux éloignés, qui consomment presque toujours en pure perte les hommes et les munitions : les assiégeans, sans doute, doivent être tenus à une distance respectueuse; mais quelques coups de canon suffisent pour les y contraindre, lorsque souvent l'on épuise la majeure partie de ses munitions, pour faire un vain bruit dont ils se rient, et qu'au moment décisif il n'en reste plus pour se défendre. Il en est de même des sorties éloignées, à moins que, comme dans quelques cas très-rares, la place ne renferme réellement une armée; mais qui ne sait que le plus souvent une place assiégée n'a pas même une garnison suffisante pour se bien défendre; que presque toujours la majeure partie des troupes qui la composent est très-peu propre à tenir la campagne? Aussi le résultat de ces sorties intempestives est presque toujours d'en voir couper les colonnes ou de les voir rentrer dans la place, harassées, morcelées, découragées; lorsque, si elles eussent été soigneusement conservées, pour le véritable moment d'une défense efficace, elles auraient fait éprouver des pertes considérables à l'ennemi, et conservé le dépôt qui leur était confié.

Il en est de l'art de la défense des places comme de celui des batailles; attaquer la partie faible de son ennemi avec des forces supérieures, et savoir dérober la sienne à ses attaques. C'est ainsi que Carnot gagna celle de Wattignies et débloqua Maubeuge;

c'est ainsi que, dans le cours rapide de nos victoires, en ont toujours agi nos meilleurs généraux, et que souvent ils ont su vaincre avec des moyens très-inférieurs à ceux de l'ennemi. A plus forte raison doit-on faire l'application de ce moyen aux places de guerre construites dans le seul but de faire échouer le fort contre le faible : il est vrai que cette méthode exige une surveillance active de tous les instans, une bravoure et une présence d'esprit de tous les momens, et que ces qualités sont assez rares : plusieurs préfèrent l'alternative d'un long repos et d'un grand danger du moment à une activité et des dangers journaliers.

Il n'est donc pas donné à tout le monde, quelque brave que l'on soit, d'être un bon gouverneur de place, il faut savoir les choisir : aussi Napoléon qui s'y connaissait ne manqua pas, dès qu'il put disposer de Carnot, de lui confier la garde de la plus importante de ses places; et celui qui avait su diriger à la fois quatorze armées sur les routes de la victoire, ne dédaigna pas, dans les dangers imminens de l'État, d'accepter une aussi honorable mission.

Les généraux ennemis, désespérant de le réduire par la force, essayèrent au moins de le séduire par des louanges : le général en chef Bulow lui écrivit :

« Monsieur le général,

» J'avais appris, par des lettres intercep-
» tées de Paris, que Votre Excellence de-
» vait venir remplacer le duc de Plaisance,
» et j'en félicitais d'avance la ville d'Anvers.
» La confiance nationale vient donc répa-
» rer le tort qu'un monarque ambitieux
» avait commis : elle ramène à une place
» importante l'homme qui ne devait jamais
» en occuper une autre. Votre Excellence
» connaît l'état de sa patrie aussi bien et
» mieux peut-être que moi ; elle vient de
» l'intérieur, et son œil exercé aura observé
» les maux qui menacent la France. Les
» grandes armées sont à quinze lieues de
» Paris ; le général Wellington avance de

» Bayonne, les généraux Blucher et Win-
» zingerode ont dépassé Châlons et Reims :
» Bois-le-Duc est rendu, Gorcum vient de
» capituler, de nombreux renforts de trou-
» pes allemandes et hollandaises m'arrivent
» tous les jours, le prince royal de Suède
» avec l'armée du Nord arrive au Rhin, et
» partout, au cœur de la France même,
» l'esprit du peuple nous prouve que nous
» leur sommes les bien-venus. Il n'est plus
» douteux que l'empire tyrannique d'un
» souverain qui a fait le malheur de la France
» et de l'Europe tire vers sa fin. Ce ne sont
» point les Français que nous combattons :
» Votre Excellence le sait, elle s'en sera
» persuadée par l'esprit de modération qui
» distingue les proclamations des souve-
» rains alliés. Elle s'en sera convaincue par
» l'équité qui a dicté les mesures de tous
» les généraux pour ménager un peuple
» malheureux dans ce moment. Aujour-
» d'hui il ne s'agit point de partager la
» France et d'en forcer les habitans à ac-

» cepter, contre leur gré, un nouveau sou-
» verain. Il s'agit de finir les maux de vingt
» années de guerre et de malheurs : il s'agit
» de les finir aussitôt que possible. Voilà,
» mon général, le point de vue d'où il faut
» partir pour nous juger, et le seul,
» peut-être le plus beau qui ait jamais existé.
» Les peuples de l'Europe doivent tous être
» rendus à la paix, au repos, au bonheur.
» Votre Excellence, dont les talens,
» comme militaire et comme homme de
» cabinet, sont également connus, dont le
» caractère juste et loyal ne s'est jamais
» démenti ; Votre Excellence se trouve au-
» jourd'hui dans une situation à pouvoir
» effectuer un bien infini si elle le veut.
» Qu'elle se mette à la tête d'un peuple
» qui brise ses fers ; qu'elle organise ses
» moyens ; qu'elle prépare le bien futur de
» la France ; qu'elle fasse un effort coura-
» geux et qu'elle s'immortalise en formant
» un parti décidé à délivrer sa patrie. Je me
» ferai un devoir de la soutenir de toutes les

» manières. Je jouirai d'une satisfaction
» particulière à pouvoir contribuer au bien
» de la France par les Français même.

» Quelle que puisse être la résolution de
» Votre Excellence, elle ne changera rien
» aux sentimens de la profonde estime et de
» la plus haute considération avec laquelle
» etc..... (le comte de Bulow. »

« Au quartier-général de Bruxelles le 11 février 1814. »

Carnot lui répondit :

« Monsieur le général, j'ai trop à cœur de
» conserver l'estime dont vous me donnez le
» témoignage par votre lettre, pour ne pas
» défendre, par tous les moyens qui sont
» en mon pouvoir, le poste honorable que
» m'a confié Sa Majesté l'empereur des
» Français.

» Plus nous avons essuyé de malheurs,
» plus nos efforts sont nécessaires pour les
» réparer; j'ai le bonheur de commander
» dans une place aussi bien armée contre la
» séduction que contre la force ouverte; et

» la loyauté de ma nombreuse garnison est
» égale à son courage.

» Nos vœux sont pour une paix honora-
» ble; que nous savons ne pouvoir obtenir
» que par des victoires, et celles que nous ve-
» nons de célébrer, nous donnent l'espoir
» qu'elle ne se fera pas attendre long-temps.

» Croyez, monsieur le général, que les
» défenseurs d'Anvers ne gâteront pas l'ou-
» vrage si heureusement commencé par leur
» souverain, et veuillez agréer etc....

» Carnot. »

» Anvers le 18 février 1814. »

Le prince royal de Suède crut être plus heureux; et après de vaines tentatives militaires, toujours infructueuses, lorsque Napoléon avait déjà donné son abdication, il adressa à Carnot la lettre suivante :

« Monsieur le général Carnot,

» J'envoie auprès de vous mon aide-de-camp
» général, l'amiral Gyllenskold, qui a toute
» ma confiance, et qui vous mettra au fait des
» derniers événemens qui ont eu lieu à

» Paris. Vous verrez par les communications
» que cet officier général est chargé de vous
» faire, que l'empereur Napoléon est déchu,
» et que le Sénat allait offrir la couronne à
» Louis XVIII, après avoir posé les bases
» d'une constitution libérale et répondant
» parfaitement aux principes que vous me
» connaissez. En vous proposant de remettre
» la forteresse dont vous avez le comman-
» dement, et de joindre vos troupes à celles
» que je mène à la conquête de la paix, je
» témoigne mon désir de conserver à la
» France un homme qui peut encore lui être
» si utile par ses talens distingués, et je
» vous donne la preuve la plus solen-
» nelle de l'estime et de la considération
» que je vous ai toujours portées. Sur ce, je
» prie Dieu, etc.... Votre affectionné
» Charles Jean. »
» A mon quartier-général, le 8 avril 1814. »
Carnot lui répondit :
« Prince, c'est au nom du gouvernement
» français que je commande dans la place

» d'Anvers; lui seul a le droit de fixer le
» terme de mes fonctions. Aussitôt que ce
» gouvernement sera définitivement et in-
» contestablement établi sur ses nouvelles
» bases, je m'empresserai d'exécuter ses or-
» dres; cette résolution ne peut manquer
» d'obtenir l'approbation d'un prince né
» Français, et qui connaît si bien les lois
» que l'honneur prescrit.

» Les habitans de la place d'Anvers ne
» souffrent point; la paix règne chez eux,
» plus peut-être que sur aucun autre point
» de l'Europe; ils sentent tous, comme moi,
» la nécessité d'attendre que l'ordre politi-
» que ait pris son assiette, et sans doute
» nous ne tarderons pas à recevoir directe-
» ment les instructions que nous devrons
» suivre. — Agréez, prince, l'hommage de
» mon estime respectueuse.

» CARNOT. »

« Anvers, le 10 avril 1814. »

Cependant les esprits fermentaient tant parmi les habitans que parmi les troupes de terre et de mer, lorsqu'arriva un aide-de-camp du général Dupont, ministre de la guerre, porteur d'une lettre de ce ministre, écrite de sa main, et donnant des nouvelles de tout ce qui s'était passé jusqu'alors, notamment de l'abdication de Napoléon : à cette lettre en était jointe une autre, par laquelle le ministre demandait au gouverneur son adhésion personnelle, ainsi que celle de sa garnison, aux actes du sénat-conservateur, du corps législatif et du gouvernement provisoire (27).

On assembla le conseil de défense; cet acte parut d'abord ne souffrir aucune difficulté; mais, lorsque le lendemain le conseil se réunit de nouveau, il s'éleva une opposition tellement sérieuse, que le gouverneur, pour conserver la tranquillité publique, crut devoir ajourner l'adhésion, et en instruisit le ministre de la guerre par le retour de son aide-de-camp (28).

Les esprits se trouvèrent alors dans la plus grande exaltation, et l'on entendit retentir les cris les plus opposés.... Mais les journaux de Paris ayant fait connaître, de manière à ne plus laisser aucun doute, l'acte formel d'abdication de Napoléon, en date du 11 avril, tous les membres qui composaient le conseil de défense furent d'avis de procéder de suite à l'acte d'adhésion, à la réserve du gouverneur seul, qui, en vertu du pouvoir dont il était revêtu, en prononça de nouveau l'ajournement, convaincu que les esprits n'étaient point encore assez calmes pour ne pas craindre qu'on en vînt aux mains, si on précipitait cette mesure; il fit, en conséquence, publier le 17 avril l'ordre du jour suivant :

« Soldats ! Nous sommes restés fidèles à
» l'empereur Napoléon jusqu'à ce qu'il nous
» ait lui-même abandonnés. Il vient enfin
» de renoncer à un pouvoir dont il avait
» si long-temps abusé. Il vient d'abdiquer
» un empire dont il ne pouvait plus tenir
» les rênes : nous sommes, à son égard, dé-
» liés du serment de fidélité.

» Quant au nouveau souverain qui doit être
» bientôt proclamé, on ne peut raisonnable-
» ment douter que ce ne soit Louis XVIII.
» L'ancienne dynastie va reprendre ses
» droits; les descendans de Henri IV vont
» remonter sur le trône de leur père.

» Dans ces circonstances importantes, la
» garnison ne doit point perdre de vue
» qu'elle n'a aucun vœu à émettre. La force
» armée ne délibère pas, elle obéit aux lois,
» elle les fait exécuter. Elle serait coupable
» si elle se prononçait spontanément ou in-
» dividuellement, parce que c'est l'unité qui
» fait toute sa force, et qu'elle ne doit jamais
» s'exposer à une divergence d'opinions.

» Le moment approche sans doute où
» nous devons prêter un nouveau serment
» à celui qu'aura désigné pour son roi l'as-
» sentiment général de la nation; mais nous
» devons prévenir tout désordre, éviter toute
» secousse, obéir unanimement. L'instant
» précis sera donc fixé par nous; il sera
» consacré par une solennité : jusqu'alors

» nous ne nous permettrons aucun change-
» ment, aucun acte partiel : nous serons
» fermes à notre poste; nous garderons re-
» ligieusement le dépôt sacré qui est entre
» nos mains, et nous attendrons en soldats
» fidèles et incorruptibles, l'heure de le
» remettre à son souverain légitime.

» Le général de division gouverneur,
» Carnot. »

Tout étant rentré dans le plus grand ordre, le gouverneur fit paraître, dès le lendemain 18, la proclamation suivante :

« Soldats ! aucun doute raisonnable ne
» pouvant plus s'élever sur le vœu de la na-
» tion française en faveur de la dynastie des
» Bourbons, ce serait nous mettre en ré-
» volte contre l'autorité légitime, que de
» différer plus long-temps à la reconnaître.
» Nous avons pu, nous avons dû procéder
» avec circonspection; nous avons dû nous
» assurer que le peuple français ne recevait
» cette grande loi que de lui-même. Un gou-
» vernement établi dans une ville occupée

» par des armées étrangères, avec lesquelles
» il n'existe encore aucun traité de paix, a
» dû quelque temps nous inspirer des crain-
» tes sur la liberté de ses délibérations. Ces
» craintes sont dissipées par le vœu una-
» nime des villes éloignées du théâtre de la
» guerre. Honneur à ceux qui ont su ré-
» primer, dans leur élan, un zèle indis-
» cret qui eût pu compromettre la disci-
» pline et la sûreté du dépôt qui nous est
» confié. L'avénement du nouveau roi au
» trône de ses ancêtres sera plus glorieux,
» appelé par l'amour des peuples, que reçu
» par la terreur des armes.

« *Nous, gouverneur de la place d'An-*
» *vers, généraux, officiers de tous grades,*
» *sous-officiers et soldats de toutes armes,*
» *tant de terre que de mer, déclarons*
» *adhérer, purement et sans restriction,*
» *aux actes du Sénat conservateur, du*
» *Corps législatif et du Gouvernement pro-*
» *visoire, en date des* 1, 2 *et* 3 *du pré-*
» *sent mois; de plus, nous jurons tous de*

» *conserver et défendre cette place jus-*
» *qu'à la dernière extrémité au nom de*
» *Louis* XVIII.

» M. le général de division, comman-
» dant d'armes, M. le vice-amiral comman-
» dant l'escadre de l'Escaut, et M. le préfet
» maritime d'Anvers, devront faire lire de-
» main à chacun des corps qui se trouvent
» sous leurs ordres immédiats, le présent
» acte d'adhésion ; et dimanche prochain,
» à la parade, tous les militaires devront
» paraître en cocarde blanche.

» Anvers, le 18 avril 1814.

» Le général de division gouverneur,

» Carnot. »

Ainsi se termina cette crise, qui, avec moins de prudence et de fermeté, eût pu amener les plus funestes résultats.

Le ministre de la guerre à qui le gouverneur rendit compte de tous ces détails, en lui transmettant les pièces à l'appui, lui répondit le 25 avril :

« Général, — J'ai reçu les différentes
» pièces que vous m'avez transmises le 19
» de ce mois,..... je les ai mises sous les
» yeux de son Altesse Royale, Monsieur,
» lieutenant-général du royaume, qui a vu
» avec satisfaction la conduite prudente et
» ferme que vous avez tenue, dans cette
» circonstance difficile.

» Recevez, général, etc.

» Dupont. »

Le général Graham, commandant de
l'armée anglaise, enthousiasmé de cette
conduite, écrivit le 18 avril à Carnot, en
ces termes :

« Il est des circonstances qui permettent
» à peine d'offrir les sentimens qu'on
» éprouve; j'espère pourtant, général, que
» vous me permettrez de vous faire par-
» venir les témoignages de mon admiration
» sincère pour votre ordre du jour d'hier,
» que le hasard m'a procuré; il est telle-
» ment sage et juste dans ses principes,
» qu'il vous assure l'approbation de chacun

» des soldats de tous les pays. — Signé
» Graham. »

Carnot, toutefois, éprouvant une répugnance invincible à remettre lui-même Anvers entre les mains des étrangers, cette remise n'eut lieu qu'après son départ; elle fut faite par un général qui n'avait point pris part à sa défense, et qui y fut envoyé pour cette seule opération.

En faisant ses adieux aux habitans de cette ville, Carnot les remercia dans les termes les plus touchans, des ressources qu'ils lui avaient procurées, pour l'entretien des troupes, et des secours généreux qu'ils avaient fournis, dans toutes les occasions, aux soldats blessés; il les félicita sur leur conduite franche et courageuse; et leur témoigna toute sa gratitude pour les marques d'estime et de confiance dont ils l'avaient honoré (29).

Les Anversois avaient trop d'obligations à Carnot, pour ne pas lui en témoigner eux-mêmes toute leur reconnaissance; aussi en reçut-il les témoignages les moins équivoques, de toutes les classes de citoyens. Il avait, au milieu des circonstances les plus difficiles, maintenu partout la tranquillité publique, ainsi que la discipline la plus exacte parmi les troupes : les marchés s'étaient presque toujours trouvés approvisionnés, dans cette ville populeuse, comme au sein de la plus profonde paix; une monnaie obsidionale avait été frappée, pour faciliter les échanges dans la classe laborieuse, et soulager le trésor public (30) : rien de tout ce qui avait pu assurer l'aisance et la sécurité des citoyens n'avait été négligé ; la douceur et les égards avaient toujours été alliés à la fermeté ; jamais rien n'avait été exigé que ce qui avait été jugé indispensable à la défense de la place et au bien-être de la garnison : le public, toujours juste lorsqu'il est livré à lui-même, avait su apprécier une telle conduite.

Carnot avait pris sous sa responsabilité

personnelle, la conservation d'un riche et immense faubourg, que les règlemens militaires condamnaient à la destruction, et dont la démolition était même déjà commencée à son arrivée. En habile ingénieur, il avait su, au contraire, en tirer parti pour sa défense. Les habitans, par reconnaissance, donnèrent son nom à leur principale rue, et firent graver sur le marbre une inscription en son honneur : aussi, malgré le changement de gouvernement, ce nom est demeuré en vénération dans cette ville : chez un peuple généreux, les bienfaits ne s'oublient jamais, et la mémoire de Carnot restera éternellement gravée dans les fastes de la ville d'Anvers (31).

Carnot, de retour à Paris, se présenta chez le roi et chez les princes : il fut accueilli avec froideur et crut pouvoir conclure que sa présence n'était pas agréable à la cour; sans chercher à en pénétrer les véritables motifs, il se renferma, plus que jamais, dans son intérieur, se livrant de nouveau à l'étude des sciences et aux devoirs que lui imposait sa place à l'Institut, dont il redevint un des membres les plus assidus.

La situation où se trouvait alors la France, devint l'objet de ses méditations; et se confiant à sa longue expérience des affaires publiques, il crut voir que la marche du nouveau gouvernement était en opposition directe avec ses propres intérêts et avec ceux de l'État : il s'occupa dès-lors des moyens de faire parvenir ses observations au roi, se répétant cet adage vulgaire, qui, sous son apparente simplicité, cache un grand sens : *si le roi le savait!*

Il lui paraissait impossible d'en obtenir une audience, et plus encore de pouvoir lui inspirer assez de confiance pour en être écouté avec cette bienveillance qui peut donner quelque espoir de succès : le même motif l'éloignait de lui adresser un mémoire qui, d'ailleurs, lui eût-il été remis, ne lui serait parvenu qu'accompagné de rapports et d'insinuations qui en auraient détruit toute l'efficacité.

Il pensa donc que le meilleur moyen de mettre sous les yeux du roi ses observations dans toute leur vérité, sans qu'elles fussent affaiblies d'avance dans son esprit, par des personnes intéressées, était de publier un ouvrage qui, faisant grand bruit dans le monde, lui inspirerait le désir de le connaître et d'en porter un jugement par lui-même. Pour éviter de donner lieu à toutes réflexions et à tous rapprochemens qui auraient pu détruire l'effet qu'il attendait de son ouvrage, il se décida à le faire paraître sous le voile de l'anonyme le plus complet. Ses meilleurs amis, ceux même en qui il avait le plus de confiance, n'en furent point instruits. Il pensa aussi que ce mode de publication aurait le grand avantage de pouvoir dévoiler la vérité avec plus de franchise et d'énergie, ce qui lui paraissait devoir être utile au but qu'il se proposait.

Il le fit imprimer sous ce titre : *Des ca-*

ractères *d'une juste liberté et d'un pouvoir légitime ;* mais il n'était pas sorti des presses et était encore à la correction, qui devait lui faire subir plusieurs changemens importans, lorsque, sur la dénonciation de l'imprimeur lui-même, la police en fit la saisie.

Incapable de feindre, Carnot se déclara l'auteur de l'ouvrage, et fit connaître les motifs, qui l'avaient porté à le composer. Sur cette déclaration, le directeur général de la police l'invita de vive voix et par écrit à lui en remettre une copie pour le Roi, ajoutant, que Sa Majesté désirait qu'il ne fût pas rendu public : Carnot obtempéra à cette invitation, et transcrivit en entier de sa main son ouvrage, avec le soin d'en retrancher, par convenance, quelques passages qu'il crut pouvoir blesser le monarque; peut-être n'eut-il pas le temps de le châtier autant qu'il l'aurait désiré; mais il pensa que Sa Majesté apprécierait les motifs qui l'avaient déterminé à faire ces changemens, quoiqu'incomplets; il intitula alors ce travail corrigé: *Mémoire au Roi*, et l'envoya, avec une lettre explicative, au directeur général de la police (32). Quant à la demande qui lui avait été faite de ne pas le rendre public, il n'en fit la promesse que sous la *condition expresse*, que cette publication ne deviendrait pas nécessaire pour sa justification, dans le cas où cet ouvrage serait attaqué; car ses ennemis se plaisaient déjà à répandre que c'était un écrit infâme tendant à renverser le Gouvernement et à exciter la guerre civile.

Il partit pour la campagne immédiatement après avoir envoyé ce Mémoire, espérant que, mis sous les yeux du Roi, il pourrait encore amener quelques changemens heureux dans la marche de l'administration; mais bientôt il fut désabusé en apprenant que son ouvrage était imprimé avec toutes les apparences d'une protection spéciale de l'autorité, qui toutefois en rejetait l'odieux sur le manque de parole de l'auteur. Tout l'effet en était nécessairement détruit, et lui-même se trouvait compromis.

Cet excès de machiavélisme le confirma dans sa première opinion, que cet écrit aurait dû paraître entièrement anonyme; mais il n'avait pas dépendu de lui qu'il restât tel. Le mémoire avait été saisi par la police avant son émission; le roi ayant témoigné le désir qu'il lui fût communiqué, il pouvait rester complètement secret, et dès-lors opérer le bien que son auteur en avait attendu; mais ce n'était pas le compte de ceux qui entouraient le trône : pour rendre nulles les bonnes intentions de Carnot, il fallait un éclat : on l'obtint par la publication. La seule copie que Carnot en eût livrée, était celle remise pour le roi, qui avait été extraite du premier ouvrage saisi, sans que personne connût ce qui avait été retranché par l'auteur; et, comme c'est le Mémoire tel qu'il a été remis au roi, qui a été imprimé, il en résulte qu'il est impossible qu'il l'ait été sur un exemplaire du premier ouvrage, lors même que, par une nouvelle infidélité de l'imprimeur, il s'en fût répandu quelques exemplaires. Carnot, de son côté, ne l'ayant pas fait imprimer, avait donc la *certitude* qu'il ne l'avait été que par ordre de l'autorité; le hasard lui en procura bientôt une preuve évidente.

Un ancien magistrat, qui avait eu autrefois des relations avec Carnot, ayant appris d'une manière positive que cet ouvrage s'imprimait, que l'on corrigeait les épreuves et qu'il devait paraître sous deux jours, vint à onze heures du soir chez un des frères de Carnot pour l'en prévenir, et l'engager à faire les démarches nécessaires pour en arrêter la publication; ne le rencontrant pas, il lui laissa un billet pour le mettre au fait de ce qui se passait (33). Dès le lendemain matin, les deux frères de Carnot se rendirent chez le directeur général de la police pour l'instruire de ce qu'ils avaient appris; ils lui indiquèrent la maison où les épreuves se corrigeaient, et le prièrent de prendre des mesures pour en empêcher l'émission. Il répondit, qu'en effet il venait d'apprendre que cet ouvrage s'imprimait, mais que c'était à *Mortagne*, à plus de trente lieues de Paris, et qu'il craignait qu'il ne fût plus temps d'en arrêter la distribution; les frères de Carnot lui répliquèrent qu'ils ignoraient s'il s'en faisait une édition à Mortagne, mais qu'ils étaient certains qu'il s'en faisait une à Paris, et le prièrent de nouveau de la faire arrêter; il promit enfin de s'en occuper. Cependant MM. Carnot continuèrent à le solliciter, à le presser matin et soir, lorsque le second jour, en leur présence, on apporta au directeur général un exemplaire de cet ouvrage, sortant des presses, et encore tellement mouillé, qu'il ne put s'empêcher de dire en le prenant : *Je ne l'aurais pas cru!* L'impression en était faite sur beau papier, et avec tout le luxe d'une typographie qui, non-seulement, n'avait rien de clandestin, mais paraissait même encouragée par des récompenses.

Ne demeure-t-il pas démontré par ces faits, pour toute personne de bon sens et non prévenue, que M. le directeur général de la police ne fut nullement étranger à cette publication (34), qu'il la protégea, au contraire, et qu'elle ne s'accomplit que sous ses auspices ?

Le ministre de 1814 fut imité en cela par son digne successeur Fouché qui, au retour de Napoléon, ordonna la réimpression de ce Mémoire, après en avoir retranché tout ce qui s'y trouvait contre son maître d'alors, et le fit vendre d'une manière scandaleuse, malgré les réclamations formelles de l'auteur qui, quoique ministre lui-même, n'eut pas le pouvoir de l'empêcher : le nouvel éditeur ne craignit pas de signer l'avertissement des lettres initiales de son nom, ni de donner quittance d'une somme de 1,500 francs au ministre de la police, pour prix de son travail et de sa complaisance. *L'homme aux gouttes d'huile* avait cru devoir marcher par des voies plus obscures que ne le fit son successeur, parce qu'une marche audacieuse l'eût personnellement compromis et n'eût point rempli le double but qu'il se proposait ; d'abord de détruire l'effet de ce Mémoire s'il fût resté secret, puis de faire croire au manque de parole de l'auteur, à qui il devenait effectivement très-difficile de persuader au public qu'il n'en était pas lui-même l'éditeur : c'est ainsi que fut préparée sa proscription.

L'on n'eut pas plutôt appris le débarquement de Napoléon à Cannes, que Carnot s'aperçut qu'on l'avait placé sous l'œil investigateur de la police, ses voisins même crurent devoir l'en avertir : il se retira chez un de ses amis, où il demeura jusqu'après l'arrivée de l'Empereur aux Tuileries. Il n'alla pas à sa rencontre, ainsi que le firent un très-grand nombre de personnes de toutes classes; cependant dès la nuit suivante il fut nommé au ministère de l'intérieur qu'il accepta, dans l'espérance, comme il le dit lui-même, d'y faire quelque bien, convaincu que les malheurs avaient changé Napoléon.

On lui a reproché cette acceptation; on l'a mise en opposition avec sa démission du ministère de la guerre; mais les situations étaient entièrement différentes. Au ministère de la guerre, il ne pouvait se dissimuler les efforts qu'on faisait pour changer le gouvernement républicain en gouvernement absolu, sans qu'il pût non-seulement y mettre obstacle, mais encore se dispenser d'en être l'instrument, à moins de se retirer du ministère. A l'époque, au contraire, où il accepta celui de l'intérieur, il avait l'espérance très-fondée de contribuer puissamment à faire cesser l'arbitraire, pour le remplacer par un gouvernement libéral et constitutionnel. Lors de sa sortie du ministère de la guerre, il ne s'agissait pas moins que de changer entièrement la nature du gouvernement, ce à quoi l'on a vu que Carnot avait toujours été fortement opposé; tandis que lorsqu'il entra au ministère de l'intérieur, il n'était question que d'affermir le gouvernement qui existait et d'en faire seulement disparaître les abus. Il avait refusé de contribuer à son établissement; mais une fois formé et consolidé, il croyait du devoir de tout bon citoyen de le soutenir et de le défendre au moment où l'État se trouvait menacé d'une nouvelle révolution, dont il était impossible de calculer les suites. Rien n'était donc plus conséquent que la conduite de Carnot à ces deux époques, les choses seules étaient changées. Il reconnut bientôt, il est vrai, que les dispositions de Napoléon n'étaient pas telles qu'il l'avait espéré, et que le pouvaient faire supposer ses décrets de Lyon; mais il savait aussi qu'il était loin d'avoir la même puissance qu'à l'époque où il s'était mis la couronne sur la tête, et il se flattait de contribuer à le ramener à des vues plus conformes aux intérêts de la nation et aux siens propres, mieux entendus : aussi s'opposa-t-il de toutes ses forces à ses articles additionnels, et lui en proposa-t-il d'autres d'une nature toute différente, mieux appropriés aux circonstances et à sa position, mais qui ne furent pas accueillis (35).

Il se serait retiré si, à cette époque, la France ne se fût pas trouvée dans le danger le plus imminent; mais il eût considéré sa retraite comme une lâcheté; il pensa qu'il fallait auparavant tenter tous les efforts possibles pour faire triompher sa patrie des ennemis extérieurs : il s'y résolut, non pour l'homme qu'il ne pouvait aimer, mais parce qu'il croyait l'honneur et les destinées de la France attachés à ses succès. C'est ainsi qu'il en avait déjà agi au comité de salut public et au Directoire, quoiqu'il y fût journellement menacé et qu'il désapprouvât hautement plusieurs des mesures de ces gouvernemens, dont il finit par être la victime, comme il ne doutait pas qu'il le serait de nouveau, si Napoléon triomphait.

On ne peut donc se refuser à rendre cette justice à Carnot, que dans toute sa vie politique, il n'a jamais eu en vue que les intérêts de sa patrie et non les siens propres.

En l'appelant au ministère de l'intérieur, Napoléon l'avait nommé comte; il le nomma ensuite pair de France : Carnot exerça les fonctions politiques attachées à cette dernière qualité ; quant à la dignité de comte, qu'il ne pouvait refuser sans se retirer du ministère, il n'en a jamais joint le titre à aucune de ses signatures, et n'en a jamais demandé le diplôme, quoiqu'il y ait été directement provoqué par la chancellerie. Aussi, Bonaparte ne lui assigna-t-il aucun majorat, et ne cessa-t-il de le traiter, pendant toute la durée de son ministère, avec une parcimonie qui n'était point dans ses habitudes envers les personnes qu'il affectionnait ou qui lui avaient rendu de grands services ; il annonçait assez par-là, qu'il n'avait fait que céder à l'opinion publique en l'appelant au ministère, et nullement à son inclination particulière. Les projets de ces deux hommes étaient trop différens, pour qu'ils pussent long-temps sympathiser ensemble : le seul point de contact entre eux, paraît avoir été le désir de la gloire de la France; mais chez l'un, c'était pour la recueillir entièrement à son profit; et chez l'autre, par un pur amour de la patrie, qu'il eût voulu voir grande et heureuse.

Carnot, dans sa courte administration au ministère de l'intérieur, protégea l'agriculture, les sciences et les arts; il naturalisa en France les écoles lancastriennes (36); il commanda un respect religieux pour le secret des lettres (37); mit le plus grand ordre dans ses bureaux, et se rendit accessible à tous les malheureux; il avait plusieurs jours par semaine des audiences publiques, et n'en refusait jamais à ceux qui lui en demandaient de particulières : le temps seul lui manqua pour faire tout le bien qu'il avait projeté.

Quelques personnes lui ont reproché d'avoir accepté la présidence d'honneur de la *société des Amis de la patrie et de l'humanité;* d'avoir protégé la levée des fédérés, et provoqué les élèves des écoles publiques à s'organiser pour marcher contre l'ennemi.

Après avoir lu les statuts de la société des Amis de la patrie et de l'humanité, qui n'avait d'autre but que de venir au secours du malheur, on a peine à concevoir sur quoi peut être fondé le premier de ces reproches; il paraîtrait, au contraire, que l'association d'un ministre à un semblable établissement, n'eût dû lui mériter que des éloges (38).

Quant au double reproche d'avoir protégé les fédérés et provoqué les élèves des écoles publiques à s'organiser pour marcher contre l'ennemi, la réponse de Carnot, consignée dans l'exposé de sa conduite en 1815, est péremptoire; c'est qu'il n'a fait ni l'un ni l'autre. C'est spontanément que les fédérés se sont formés dans diverses parties de la France; le gouvernement ne pouvant y mettre obstacle, prit le parti le plus sage qui se présentait en pareille circonstance, ce fut de les organiser et de leur donner des officiers qui les continssent dans le devoir et ne les rendissent terribles qu'à l'ennemi. Pour ce qui est des élèves des diverses écoles, c'est aussi spontanément qu'ils offrirent leurs services sans y avoir été provoqués en aucune manière par l'autorité. Comment aurait-on pu d'ailleurs lui en faire un crime, lorsque, quelques jours auparavant, l'exemple en avait été donné dans l'intérêt d'une autre cause? Lorsqu'il était connu que toutes les universités d'Allemagne s'étaient mises en mouvement pour marcher contre la France? Mais le fait est qu'il n'y a eu de la part de Carnot ni protection accordée aux fédérés, ni provocations faites aux élèves des écoles publiques; il s'est contenté de s'occuper de l'organisation des gardes nationales qui étaient dans les attributions de son ministère, et dont 300,000 hommes d'élite sur 2,254,000 gardes nationaux que comptait alors la

France, étaient destinés à la défense des places et au maintien de la tranquillité publique; mais une partie seulement fut mise en mouvement.

En apprenant la perte de la bataille de Waterloo, Carnot ne s'en dissimula pas toutes les conséquences : l'armée mutilée, découragée, abandonnée de son chef, ne pouvait plus laisser aucun espoir de succès pour le résultat de la campagne, contre les forces immenses de l'ennemi, enflammé encore par la victoire qu'il venait de remporter ; mais l'honneur devait être sauvé !...... Il n'est point honteux d'être vaincu; mais il l'est de se soumettre lâchement à la volonté de son ennemi, lorsqu'on peut encore le combattre et lui préparer des chances de revers. Si Paris devait céder, on pouvait au moins faire acheter chèrement sa conquête, et se ménager au besoin une retraite assurée, pour reprendre plus tard l'offensive avec de nouveaux moyens.

Dans ces circonstances critiques, Napoléon résolut un grand sacrifice : il dicta son abdication. Carnot fut chargé d'en donner lecture à la chambre des Pairs. — « Sire, dit-il à son retour, je viens de m'acquitter d'une douloureuse commission... » Napoléon le regardant affectueusement et lui prenant la main, s'écria : *Carnot, je vous ai connu trop tard......!*

Carnot ne désespéra point de la chose publique ; et, après cette abdication, il ne fit aucune difficulté d'accepter la place de membre de la commission de gouvernement, à laquelle il fut le premier nommé par la chambre des représentans.

Cependant, Napoléon ne quittait point la capitale, soit dans l'espoir secret que la nécessité le remettrait à la tête des troupes, soit, ainsi qu'il le disait lui-même, que se considérant comme simple particulier, il ne crût pas sa présence dangereuse ; mais il pouvait devenir un point de ralliement pour des hommes trop accoutumés à lui obéir : d'ailleurs l'ennemi s'approchait, l'honneur des

Français eût souffert de voir leur ancien chef devenir le captif de ceux qu'il avait tant de fois vaincus.

Plusieurs des membres de la commission avaient inutilement engagé Napoléon à s'éloigner ; Carnot seul réussit à lui persuader que son départ était nécessaire à la tranquillité publique. — Napoléon, alors, témoigna l'intention de se rendre en Angleterre ; Carnot combattit vivement ce projet : « Deux frégates vous attendent à Rochefort, lui dit-il, embarquez-vous promptement pour les États-Unis de l'Amérique septentrionale, et de-là vous ferez encore trembler vos ennemis. »

Napoléon se rendit aux raisons de Carnot : il partit ; mais il s'arrêta trop long-temps à la Malmaison, et mit tant de lenteur dans son voyage, que lorsqu'il arriva à Rochefort le port était bloqué. Il a dû se repentir bien des fois, sans doute, de n'avoir pas suivi exactement les sages conseils de Carnot.

Le premier soin du nouveau gouvernement fut de rallier l'armée sous les murs de Paris et de tenter un accommodement avec l'ennemi; mais celui-ci, jugeant faussement que notre situation était entièrement désespérée, ne voulut, pendant très-long-temps, entrer en aucune espèce de négociations, et continua sa marche (39).

L'on se prépara donc à défendre Paris: Napoléon n'avait fait fortifier que la rive droite de la Seine, qui l'était déjà naturellement par les hauteurs de Montmartre et de Belleville; le côté gauche de la rivière était demeuré sans défense, à peine y apercevait-on l'ébauche de quelques lignes; Carnot avait fait à cet égard des observations à l'Empereur; mais celui-ci était persuadé qu'on ne viendrait jamais l'attaquer par la plaine de Montrouge. Cependant l'ennemi ayant porté la majeure partie de ses forces sur la rive gauche, et la rivière étant devenue guéable presque partout, il était impossible d'intercepter les communications, et la ville était menacée d'être emportée à chaque instant ; d'un autre côté, l'arrivage des subsistances y devenait difficile.

Dans cet état de choses, la commission de gouvernement convoqua, le 1er juillet, une réunion extraordinaire, à laquelle furent appelés trois maréchaux de France, plusieurs officiers généraux, tant de la ligne que de l'artillerie et du génie, les quatre ministres d'État, et les membres composant les bureaux de la chambre des pairs et de celle des représentans. Carnot, qui avait été lui-même faire la visite des lignes de défense sur l'une et l'autre rive de la Seine, fut chargé de faire l'exposé de notre situation; il fut reconnu généralement que la défense de Paris ne pouvait plus se prolonger long-temps : la même opinion fut émise par un conseil de défense réuni le lendemain à la Villette, sous la présidence du maréchal, prince d'Eckmühl, ministre de la guerre et général en chef de l'armée, où furent appelés tous les maréchaux de France qui se trouvaient à Paris, et les généraux commandant les divers corps de l'armée.

La commission de gouvernement se décida alors à livrer bataille à l'ennemi, s'il refusait de nouveau d'entrer en négociation, sur une convention purement militaire, en écartant toute question politique. En attendant le résultat de cette démarche, aucune précaution ne fut négligée pour la sûreté de Paris; la majeure partie des troupes qui étaient sur la rive droite, filèrent pendant la nuit à travers la ville, pour prendre poste sur la rive gauche; et dès le lendemain matin, 3 juillet, elles se trouvèrent en bataille dans la plaine de Montrouge. Ce mouvement instantané de l'armée n'ayant pas permis de lui faire une distribution très-régulière, il s'y manifesta quelques signes de mécontentement qui donnèrent de vives inquiétudes aux généraux et à ceux des membres de la commission qui en furent prévenus. Cette commission ne se trouvant point alors réunie,

M. le duc de Vicence, qui en faisait partie, ayant été le premier averti de cet événement, au lieu de se porter lui-même sur les lieux, ou d'engager le président à le faire, écrivit à Carnot, pour le prier de s'y rendre (40). A la lecture de cette lettre, qui était le premier avertissement qu'il eût reçu de cette affaire, Carnot monte à cheval et se rend sur-le-champ à l'armée, où, à sa vue et après quelques explications, toute la fermentation est apaisée dans un instant.

L'ennemi nous voyant en mesure de lui livrer bataille, devint plus traitable, et ne fit plus de difficulté de conclure avec les commissaires qui lui avaient été envoyés, une convention d'après laquelle l'armée française devait se retirer derrière la Loire et l'ennemi entrer à Paris, moyennant les diverses conditions qui y furent stipulées ; toutes autres propositions furent rejetées par la commission de gouvernement, qui continua à siéger, ainsi que les deux chambres, malgré l'entrée de l'ennemi qui, d'après la convention, ne devait occuper Paris que militairement.

Bientôt, cependant, il afficha d'autres prétentions, et commença à fouler aux pieds le traité qu'il venait de signer; la commission de gouvernement crut devoir cesser ses fonctions pour éviter de servir d'instrument à l'oppression des citoyens, et fit part aux chambres de sa résolution. Celles-ci ne pouvant plus voter librement, se retirèrent après que l'assemblée des représentans eut fait une déclaration solennelle de ses principes.

Fouché s'étant permis de faire à la commission, dont il était président, des propositions insidieuses et déshonorantes, Carnot les repoussa avec son énergie ordinaire ; et, sur la réplique de Fouché, qu'il voulait donc qu'ils risquassent leur vie, Carnot lui répondit : *Eh! qu'importe ta vie et la mienne, quand il s'agit du salut de la France ? Tu n'es qu'un lâche et un traître!* C'est sans doute cette apostrophe véhémente qui lui a valu d'être porté sur la liste de proscription du 24 juillet, à la rédaction de laquelle ce même Fouché a présidé comme ministre de la police pendant l'occupation de Paris par les étrangers. Il n'a pas tardé toutefois à recevoir le digne salaire de sa trahison et de sa lâcheté : il ne lui en est resté que la honte !....

Si l'on demande pourquoi la commission ne s'empressa pas de reconnaître le gouvernement royal, Carnot répond dans l'*Exposé de sa conduite* : « Les chambres ayant créé
» une commission de gouvernement, dont
» nous étions membres, nous avons dû nous
» conformer à leurs intentions; et la ques-
» tion politique ne nous regardait pas, puis-
» que nous n'étions chargés que de l'exécu-
» tion des lois. Au surplus, on sait que les
» alliés voulaient prendre Paris pour leur
» propre compte, et on les a vus continuer
» le siége des places qui avaient arboré le
» drapeau blanc. Nous ignorions quels étaient
» les projets de ces puissances qui ne vou-
» laient entrer dans aucun pourparler et qui

» ne s'arrêtaient pas dans leur invasion.
» Leur cause paraissait en quelque sorte
» n'avoir rien de commun avec celle de
» Louis XVIII. Nous avions envoyé des plé-
» nipotentiaires auprès d'elles, pour savoir
» sur quelles bases nous pouvions traiter;
» nous avions besoin de temporiser pour at-
» tendre leur réponse, et nous proposions
» inutilement une suspension d'armes aux
» Anglais et aux Prussiens qui marchaient
» toujours vers la capitale, et qui annon-
» çaient ne vouloir traiter de cette suspen-
» sion d'armes que dans Paris même. Qu'au-
» rait donc servi de reconnaître prématuré-
» ment Louis XVIII, sinon à irriter davan-
» tage les alliés, de ce qu'on aurait voulu
» terminer sans eux; à lever l'étendard de
» la révolte contre les deux chambres; à je-
» ter la confusion dans l'armée qui se ral-
» liait à Paris au nom de Napoléon; à divi-
» ser les citoyens, parmi lesquels aucune
» dissidence d'opinions ne s'était encore ma-
» nifestée? Notre devoir était donc de main-

» tenir provisoirement l'unité, en écartant
» avec soin la question politique, pour ne
» nous occuper que de prévenir, par tous les
» moyens possibles, les affreuses calamités
» que nous voyions près de fondre sur la
» capitale. Or, c'est à quoi nous avons réussi,
» j'ose le dire, avec un succès qu'il ne nous
» était presque pas permis d'espérer.... »

Les étrangers s'étant enfin prononcés pour Louis XVIII, l'armée, en vertu de la convention, continua son mouvement sur la Loire; mais elle ne fut accompagnée ni par la commission exécutive, ni par les chambres, parce que, dès-lors, l'invasion de l'ennemi prit un autre caractère. Il en eût été, sans doute, tout autrement, s'il eût persisté à agir pour son propre compte; le gouvernement, dans ce cas, s'étant transporté avec l'armée derrière la Loire, aurait peut-être pu le faire repentir de s'être engagé trop témérairement.

Louis XVIII prenant les rênes de l'État, personne n'eut l'odieuse pensée de chercher à organiser la guerre civile; heureux si, d'ailleurs, les étrangers n'eussent pas fait payer aussi cher leurs services.

Quoi qu'il en soit, le jour même de l'entrée du roi à Paris, Carnot se retira à sa campagne, qui en était éloignée de douze lieues : c'est là qu'il apprit que, de tous les ministres de Napoléon, de tous les membres de la commission de gouvernement, lui seul était porté sur la liste du 24 juillet (41) : il crut devoir publier alors l'*Exposé de sa conduite* (42), ce qui lui attira de nouvelles persécutions; il reçut l'ordre, par l'intermédiaire du sous-préfet d'Étampes, de se rendre en surveillance à Blois; mais déjà muni d'un passe-port de l'empereur de Russie, il s'empressa d'en profiter. Ce prince avait mis une extrême bienveillance à le lui faire expédier, en déclarant que c'était avec peine qu'il le voyait sur la liste du 24 juillet; mais que cette liste étant close et publiée, il s'était engagé à n'y demander aucun changement.

Carnot ne fut cependant point obligé de

se servir de ce passe-port pour sortir de France, son intention n'étant d'en faire usage qu'en Russie même ou dans le cas d'une extrême nécessité ; il voyagea donc sous un nom emprunté, traversant les Pays-Bas et l'Allemagne jusqu'à Varsovie où il arriva, par le froid le plus rigoureux, le 6 janvier 1816 : partout, sur sa route, mille témoignages d'estime et d'intérêt lui furent prodigués ; à Bruxelles, à Francfort, à Munich, à Vienne ; partout on voulut le retenir, mais il s'y refusa.

Arrivé à Varsovie, il se présenta chez le vice-roi qui le reçut avec la plus haute distinction, et s'empressa de le conduire près du grand-duc Constantin qui ne l'accueillit pas avec moins de faveur ; pendant tout le temps que l'illustre proscrit a passé dans cette ville, ce prince a souvent témoigné le désir de le voir, et a eu de fréquens entretiens avec lui : Carnot ne fut pas moins bien vu de tous les habitans qui admiraient en lui un des héros de la liberté qui leur a toujours été si chère ; jamais ces sentimens ne se sont démentis ; aussi n'en parlait-il qu'avec les expressions de la plus vive reconnaissance. Ces braves Polonais, craignant qu'il ne se trouvât dans le besoin, lui firent à l'envi les offres les plus brillantes et les plus généreuses ; une réunion de francs-maçons, quoiqu'il ne le fût pas lui-même, vint le prier d'accepter une somme considérable, qu'il refusa : mais un trait que Carnot racontait les larmes aux yeux, c'est celui d'un Français, pauvre lui-même et à quatre cents lieues de son pays, qui vint un jour lui offrir le modique fruit de ses épargnes.

Par suite de la bienveillance qu'avait témoignée pour lui l'empereur de Russie, il fit publier à l'ordre de son armée, à Francfort, que Carnot en faisait partie en qualité de lieutenant-général, et cette nouvelle ne tarda pas à être connue à Paris, où elle fut confirmée par les officiers d'état-major de l'armée d'occupation ; mais ceux qui connaissaient Carnot savaient qu'en sortant de France, il était dans l'intention de ne point accepter de service à l'étranger, afin de ne jamais se trouver exposé à porter les armes contre son pays, dans quelques circonstances que ce pût être : il a fidèlement tenu parole.

Cependant, le gouvernement français ayant conçu des inquiétudes de son séjour en Russie, fit arrêter à Paris un de ses frères, par suite d'une correspondance avec lui, saisie à Saint-Pétersbourg, où des duplicata de celle de Varsovie lui avaient été adressés; mais l'innocence de cette correspondance ayant été reconnue, il fut bientôt mis en liberté.

Les lenteurs et les difficultés des communications avec la France, jointes à l'âpreté du climat, engagèrent Carnot à renoncer au dessein que d'abord il avait formé de se rendre à Saint-Pétersbourg, et à prêter l'oreille aux propositions qui lui furent faites par l'envoyé de Prusse de se rendre de préférence à Berlin : il ne quitta toutefois Varsovie, où il ne cessait d'être l'objet de tant d'égards, qu'avec la plus grande peine; mais ses moyens étaient devenus insuffisans pour pouvoir continuer à subsister dans cette capitale, et ils l'eussent été encore davantage à Saint-Pétersbourg. En se retirant en Prusse, il se proposait de s'établir dans une ville de province, où il espérait que ses dépenses obligées seraient moins considérables : sa pension ayant été supprimée en France, et ne voulant recevoir aucun traitement ni aucun secours des gouvernemens étrangers, il sentait la nécessité de vivre de privations; et loin de s'en inquiéter, il s'en faisait une sorte de jouissance : il s'y était accoutumé lors de sa première proscription!... Il se sentait, en quelque manière, heureux de pouvoir se livrer de nouveau à son goût dominant pour l'étude et à l'éducation d'un de ses fils qui l'avait accompagné dans ses malheurs.

Sa réception à Berlin ne fut pas moins

flatteuse que celle qui lui avait été faite à Varsovie. Aussitôt qu'il eut fait connaître son désir de se fixer en province, on lui remit le tableau des villes les plus importantes du royaume pour qu'il pût faire un choix; il préféra celle de Magdebourg, comme ayant la réputation d'avoir des mœurs plus françaises, tant parce qu'elle était peuplée d'un grand nombre de familles expatriées à la suite de la révocation de l'édit de Nantes, que parce qu'elle avait été long-temps occupée pendant la dernière guerre par les Français; et aussi comme une des principales places fortes de l'Europe, qu'en homme du métier il désirait étudier : le hasard lui fit rencontrer dans cette ville, avec un très-grand plaisir, une personne distinguée du nom et de la famille du maréchal de Vauban (Le Prestre), dont l'éloge avait commencé sa réputation.

Le gouvernement prussien, informé de son choix, s'empressa de lui donner des lettres de recommandation pour les autorités civiles et militaires de cette ville, où il fut reçu tant par elles que par les habitans de toutes les classes avec la plus haute distinction. Jamais depuis il n'a cessé d'avoir lieu de se louer de l'intérêt et des égards dont il y a été constamment l'objet. Lorsque des princes, des ministres ou d'autres personnages marquans sont passés par Magdebourg, il en a toujours été recherché, et en a reçu l'accueil le plus distingué et le plus affectueux, comme un prix dû à son génie, à ses talens et à ses vertus.

Pendant son séjour dans cette ville hospitalière, il n'a occupé ses loisirs qu'à perfectionner l'éducation de son fils, et à continuer la culture des sciences et des lettres, sans que ses pensées, quelques instances qu'on lui ait faites, se soient fixées de nouveau sur les événemens politiques et militaires où il avait joué un si grand rôle. Heureusement qu'il existe dans sa correspondance et dans ses manuscrits une foule de documens précieux que ne manqueront pas de mettre en œuvre les amis de la vérité et de la gloire nationale.

Quelque temps avant sa mort il s'occupait d'une quatrième édition de son ouvrage *De la défense des places fortes*, et il avait composé, pour y être ajouté, un *Mémoire sur la fortification primitive*. Ce Mémoire a paru depuis séparément, et contient un nouveau développement de ses principes sur cette matière, dont il n'a jamais cessé de s'occuper. Il a eu la satisfaction d'en voir faire des applications à Magdebourg même, et d'apprendre qu'il en était fait de plus importantes encore dans une foule de places où l'on exécutait de plus grands travaux.

Loin de se livrer à une noire mélancolie, il employait les heures de repos et de loisir, que lui laissait l'étude des sciences, à composer des pièces de vers pleines de gaîté et d'une philosophie douce dans lesquelles on ne voit percer nulle part ni sarcasmes, ni plaintes, ni reproches; plusieurs ont été imprimées tant à Paris qu'à Berlin et à Leipsig : un grand nombre sont encore inédites (43).

Souvent on l'engagea à faire des démarches pour être rappelé dans sa patrie; mais il s'y refusa constamment malgré l'affection qu'il avait pour elle; il était convaincu que jamais il ne pourrait y jouir de la tranquillité et de la sécurité qu'il avait trouvées dans le pays où il s'était choisi un asile.

Durant le cours de sa longue proscription, il lui a été fait une foule de propositions qui eussent pu paraître très-avantageuses à tout autre qu'à lui. Peu de temps encore avant sa mort il eût pu jouer un grand rôle dans la Péninsule; ce qui eût peut-être fait changer bien des résultats. Mais l'on ne connaît pas d'exemple que rien ait jamais pu le faire dévier de ses principes, et il est resté ferme dans cette circonstance délicate comme dans toute autre.

Carnot mourut à Magdebourg, le 2 août 1823, avec toute la fermeté d'un sage; universellement regretté et estimé de ceux avec qui il avait eu quelques relations ; admiré de l'Europe entière, à qui il a laissé des exemples de toutes les vertus civiques unies aux talens les plus rares et les plus variés (44). Des événemens politiques ont pu le forcer à mourir proscrit sur une terre étrangère, loin d'une patrie qu'il idolâtrait; mais la France qu'il a illustrée ne le comptera pas moins au nombre de ses plus grands hommes (45).

LETTRES
DE CARNOT
ET
AUTRES DOCUMENS HISTORIQUES.

(N° 1), *pag.* 3.

Les principes religieux de Carnot furent ceux d'un homme juste et éclairé. Président de la Convention, en 1794, au milieu de la terreur, proscrit et fugitif en 1798, sa profession de foi fut toujours la même, la voici :

. . . .

. . « Un peu de philosophie, a dit un homme célèbre, mène à l'athéisme ; beaucoup de philosophie ramène à l'existence de la divinité. C'est qu'un peu de philosophie produit l'orgueil qui ne veut rien souffrir au-dessus de soi, et que beaucoup de philosophie découvre à l'homme des faiblesses en lui-même, et hors de lui des merveilles qu'il est forcé d'admirer.

» Nier l'Être-Suprême, c'est nier l'existence de la nature, car les lois de la nature sont la sagesse suprême elle-même. Qu'est-ce que l'Être-Suprême, si ce n'est la grande vérité qui contient toutes les vérités, l'ordre éternel de la nature, la justice immuable, la vertu sublime qui embrasse toutes les vertus, l'affection qui renferme toutes les affections pures?

» Quoi! l'amitié n'existerait pas? Quoi! la paix de l'ame, la douce égalité, la tendresse maternelle, la piété filiale, seraient autant de chimères? Il n'y aurait sur la terre ni justice, ni humanité, ni amour de la patrie, ni consolation pour celui qui souffre, ni espérance d'un meilleur avenir? Eh bien! ce sont toutes ces choses ensemble qui sont l'Être-Suprême; il est le faisceau de toutes les pensées qui font le bonheur de l'homme, de tous les sentimens qui sèment des fleurs sur la route de la vie. Invoquer l'Être-Suprême, c'est appeler à son secours le spectacle de la nature, les tableaux qui charment la douleur, l'espérance qui console l'humanité souffrante ! »

(Réponse de Carnot, président de la Convention, à une députation des Jacobins, qui proclamait la doctrine de l'existence de Dieu.)

. . . .
. . . .

. . . « La tolérance universelle est le seul dogme dont je fasse profession. Je pense, qu'il y a à peu près compensation entre le bien que fait la religion sincère, et le mal que fait l'abus de la religion. J'abhorre le fanatisme, et je crois que le fanatisme de l'irréligion, mis à la mode par les Marat et les Père Duchêne, est le plus funeste de tous. Je pense, en un mot, qu'il ne faut pas tuer les hommes pour les forcer de croire; qu'il ne faut pas les tuer pour les empêcher de croire; mais qu'il faut compâtir aux faiblesses des autres, puisque chacun de nous a les siennes, et laisser les préjugés s'user par le temps, quand on ne peut les guérir par la raison. »

(Réponse de Carnot au rapport de Bailleul.)

(N° 2), *pag.* 13.

Parmi les témoignages d'estime que mérita l'*Éloge de Vauban*, nous citerons celui d'un homme justement célèbre, de Buffon. Il écrivait de Montbard, le 20 septembre 1784, à Carnot :

« J'ai lu avec grand plaisir, Monsieur, le discours que vous avez eu la bonté de m'adresser, et je suis enchanté d'avoir un compliment sincère à vous faire sur la manière dont il est écrit. Le style en est noble et coulant, et je suis persuadé qu'il enflammera le courage de nos jeunes militaires, qui ne pourraient mieux faire que d'imiter Vauban. Vous aurez donc fait, Monsieur, un ouvrage agréable et utile, et dès-lors vous devez être satisfait.

» J'ai l'honneur d'être, etc.
» Le comte DE BUFFON. »

Nous joindrons ici une lettre du prince Henri de Prusse à Carnot.

« Monsieur,

» J'ai reçu votre lettre en date du 3 septembre, y joint un discours que vous avez lu dans l'assemblée de l'académie de Dijon, et je vous en fais bien mes remercîmens. Je le relirai avec autant de plaisir que j'en ai eu à l'entendre prononcer à l'académie, étant avec des sentimens de beaucoup d'estime, Monsieur, votre très-affectionné ami

» HENRI. »

Paris, ce 10 septembre 1784.

(N° 3), *pag.* 20.

Carnot républicain, mais avant tout ami de son pays, aurait renoncé à son vœu le plus cher s'il avait fallu l'acheter au prix d'une guerre civile. Cette profession de foi se trouve consignée dans une lettre de lui au docteur Koerte, auteur d'une biographie allemande de Carnot, qui parut en 1820 à Leipsig. Cette lettre, datée de Magdebourg le 2 février 1821, fut écrite au sujet d'une analyse critique de l'ouvrage du docteur : nous allons en faire connaître un fragment.

. . . .
. . . .

« J'ai l'honneur de vous renvoyer le journal où M. Frédéric Buchholz rend compte de votre ouvrage. Sa critique est sévère à mon égard, et je la crois injuste; mais il est dans mes principes de ne jamais répondre aux journalistes; et si je compare ce que dit M. Buchholz aux injures dont me gratifient les gazetiers français, toutes les fois qu'ils peuvent en trouver l'occasion, je dois convenir que l'auteur allemand me traite avec beaucoup de bienveillance.

» Je désire, mon cher docteur, que vous

ne lui répondiez pas non plus. Je crois que M. Buchholz a lu votre ouvrage très-superficiellement, autrement il y aurait vu que vous répondez d'avance à toutes ses conjectures systématiques. Il y aurait vu d'abord qu'il part d'un faux principe en disant que je suis indifférent sur toutes les formes de gouvernement, principe dont il fait la base de tout son système; car il aurait lu que je m'étais opposé à l'établissement du pouvoir directorial : je n'étais donc pas indifférent sur toutes les formes de gouvernement. Mon opinion est, non pas que les formes de gouvernement soient indifférentes, mais que lorsqu'il y en a une d'établie, il faut s'y tenir, ou du moins ne la modifier que graduellement pour éviter de nouvelles révolutions. Voilà pourquoi j'ai toujours travaillé au maintien du gouvernement de fait quel qu'il fût; non que je le crusse le meilleur, mais seulement parce que je le croyais moins mauvais qu'une nouvelle révolution. Je suis encore persuadé que la liberté pratique consiste moins dans la loi écrite que dans la manière de la faire exécuter. On peut en juger par l'état de choses actuellement existant en France, où la Charte contient quelques idées libérales, et où cependant. » . .

. . . .
. . . .
. . . .

(N° 4), *pag.* 32.

. . . .
. . . . « Au commencement de la guerre, Hoche étant encore peu connu, envoya au comité de salut public un Mémoire sur les moyens de pénétrer en Belgique. Quand j'eus lu ce Mémoire, je dis par forme de conversation au comité : « Voilà » un sergent d'infanterie qui fera du che- » min. » Mes collègues me demandèrent de qui je parlais : « Amusez-vous, leur dis-je, à » parcourir ce Mémoire; sans être militaires, » il vous intéressera. » Robespierre le prit; quand il l'eut achevé, il dit : « Voilà un

» homme excessivement dangereux. » Je crois que c'est de ce moment même qu'il résolut de le faire périr. ».

(Réponse de Carnot au rapport de Bailleul.)

(N° 5), *pag.* 48.

Les détails statistiques et administratifs de ce rapport obtinrent de justes éloges; mais comme ils pourraient n'intéresser qu'un petit nombre de personnes, nous nous bornerons à en citer quelques passages qui feront connaître et les vues philantropiques de Carnot et l'idée qu'il se créait du véritable républicain.

. . . .

« Il y a une vérité frappante en matière de subsides, c'est que la contribution doit être proportionnée, non pas à la fortune des citoyens, mais à leur superflu.

» Jamais il n'y aura ni justice, ni ombre d'égalité sur la terre, tant que pour payer l'imposition il faudra que l'un donne le quart du pain qui fait sa subsistance, tandis que l'autre en sera quitte pour avoir un laquais de moins.

» Soyez certains, citoyens, que les agitations du peuple, quelles qu'en soient les causes immédiates ou apparentes, n'ont jamais au fond qu'un seul but, celui de se délivrer du fardeau des impositions; soyez certains que la stabilité de la nouvelle constitution, quelle qu'elle soit, tient entièrement à l'accomplissement de ce vœu, et que les raisonnemens les plus subtils n'étourdiront jamais le peuple sur ce grand principe, que celui-là ne doit rien qui n'a que le strict nécessaire; c'est-à-dire, que les contributions ne doivent porter, pour chaque individu, que sur la portion de sa fortune qui excède une somme déterminée, jugée indispensables aux premiers besoins de l'homme.

» Le tourment des impositions n'est pas le seul que le peuple ait à supporter; l'agiotage ne le désole pas moins; c'est de sa sueur que se forment les ressorts de cette race pestiférée dont tout l'art s'applique à discréditer les billets nationaux, et à en relever de temps à autre le crédit pour mettre à contribution, tantôt l'espérance de ce peuple facile, et tantôt ses alarmes.

. . . .

» Sans doute pour former ces routes, ces canaux dont nous venons de parler, il faut de grandes mises dehors, mais nous ne croyons pas qu'il y ait rien au-dessus des facultés de la France libre; nous ne pouvons regarder comme véritables dépenses ce qui n'est qu'un argent placé, un argent que la prospérité de l'agriculture et du commerce doit rembourser au centuple; nous considérons comme une économie de charlatan celle qui ne décharge le trésor public de ses dépenses que pour les rejeter sur les administrations particulières, et nous sommes persuadés que la Convention nationale ferait un grand acte d'économie politique si elle décrétait qu'une somme de quarante-cinq millions tout au moins sera consacrée annuellement aux chemins et canaux, jusqu'à l'achèvement de tous ceux qui seront jugés nécessaires à la circulation intérieure rendue parfaitement libre d'après une carte générale qui devrait être dressée à cet effet.

» Le moment de préparer ce grand travail est d'autant plus favorable, qu'on ne peut se dissimuler qu'après la guerre, des milliers de bras vont manquer d'occupation : vous ne pouvez entretenir long-temps sur pied une armée de six à sept cent mille hommes ; il faut leur trouver des moyens de subsistance pour le moment où ils seront de retour à leurs foyers. Il est impossible d'abandonner à l'indigence des citoyens qui ont si courageusement servi leur patrie ; mais leurs besoins immenses finiraient par la dévorer elle-même, si l'on ne trouvait le moyen d'y pourvoir par leur propre travail. Or, il serait difficile d'en trouver un autre pour remplir cet objet majeur, que celui de réparer, de percer des routes et d'ouvrir des canaux.

. . . .

» Citoyens, nous vous avons rarement écrit sans vous parler des besoins de l'instruction publique; c'est que partout ces besoins s'annoncent par les expressions de la plus vive impatience. Une génération nous suit, dont l'éducation est abandonnée depuis trois ans; pour peu qu'on tarde encore, elle ne sera plus en état de jouir du bienfait de la liberté. Déjà de nouveaux préjugés semblent prendre la place de ceux qu'on a détruits; on voit des citoyens de bonne foi qui en sont arrivés au point de considérer l'intolérance et la dureté comme le caractère distinctif du vrai républicain, qui traiteraient volontiers d'ennemis de la révolution tous ceux qui trouvent quelques jouissances dans les douceurs de l'amitié et des vertus domestiques; qui s'étudient à devenir farouches, et instruisent leurs enfans à ne juger du degré de patriotisme des autres citoyens que par celui de la terreur qu'ils inspirent.

» L'éducation nationale seule peut détruire les impressions funestes qui feraient bientôt de la France une horde de sauvages : elle seule peut développer dans le cœur de la jeunesse les vrais principes de son bonheur, l'amour ardent, mais éclairé de la patrie; la piété filiale, le goût de la simplicité, le sentiment de la bienveillance et le respect pour les mœurs.

» Ces principes sont ceux de l'égalité naturelle; aussi les avons-nous trouvés tous établis chez quelques-uns des peuples que nous avons visités. Chez les Béarnais, par exemple, et surtout chez les Basques, nous les y avons trouvés, ces principes naturels, joints à la grâce et à la force du corps : c'est que ce peuple était républicain avant nous; qu'il ne connaissait ni priviléges, ni seigneurs, ni droits féodaux; et qu'isolé par son langage particulier, autant que par le site de son territoire, il a toujours conservé le type de la nature.

. . . .

» Il est temps, citoyens, que vous tourniez vos regards sur les véritables élémens de la félicité du peuple. Son esprit vous est connu; il est partout bon, confiant, toujours croyant toucher au terme de ses maux. Il aime la république, parce que le sens intime lui dit que ceux qu'il a choisis pour ses représentans, ceux dont l'intérêt se confond avec le sien, doivent lui être plus affectionnés que ceux qui, sans cesse loin de lui, sans cesse trompés, sans cesse abusés, se croient d'une nature supérieure.

» Que de sacrifices n'a pas faits ce peuple excellent pour la révolution! Faisons-lui donc aussi le sacrifice de nos passions individuelles; toujours prêt à suivre l'impulsion que vous lui donnez, il ne désire que d'aller ensemble, et croyez qu'il distingue parfaitement ceux qui sont franchement pour lui, de ceux qui ne sont que de perfides intrigans ou d'ambitieux agitateurs.

. . . .

» C'est de vous seuls, citoyens, qu'il attend aujourd'hui la fin de ses incertitudes, et l'assiette dont il a besoin. Partout vos commissaires ont reçu de lui les marques les plus touchantes de sa confiance exclusive dans la Convention nationale; il semblait que, sortis de son sein, nous portassions avec nous l'infaillibilité; si nous n'eussions résisté à l'effusion de cœur des citoyens de la plupart des lieux que nous avons parcourus, et surtout des campagnes, ils nous eussent voulus pour juges de leurs procès et pour arbitres de leurs impositions, nous eussions prononcé sur toutes leurs affaires domestiques, et notre compétence n'eût connu aucune borne.

. . . .

» Si le grand vice de la constitution détruite était l'indépendance et la rivalité des pouvoirs; si ce vice devait nécessairement produire une nouvelle révolution, parce que son principe était de tout diviser, peut-être trouverez-vous que la nouvelle constitution doit avoir pour base de tout réunir; car c'est bien moins en bornant le pouvoir des autorités dans leur étendue, qu'en abrégeant leur durée, qu'on échappe au despotisme. L'amovibilité des places, l'élection des magistrats, le concours nécessaire de plusieurs d'entre eux pour l'émission de tout jugement, la publicité des décisions, voilà quels seront, dans tous les temps, la sauvegarde de la liberté, et les véritables garans du salut de la république. »

(Rapport fait à la Convention, le 12 janvier 1793.)

(N° 6), *pag.* 52.

Quelques désordres, presque inséparables d'un assaut, donnèrent lieu à la proclamation suivante, monument des principes de Carnot à cette époque d'exaspération.

Proclamation des représentans du peuple, envoyés près de l'armée du Nord.

« Après avoir été témoins d'une expédition brillante devant Furnes, et d'une foule de traits également honorables pour le courage et pour l'humanité des soldats de la république, nous avons eu la douleur de voir ce premier succès rendu inutile par le brigandage de plusieurs d'entre eux, et notre victoire même, non-seulement arrêtée dans son cours, mais encore nous devenir funeste dans ses conséquences, par les malheurs qu'elles peuvent attirer sur nos concitoyens.

» L'univers saura donc que des gens de guerre, que des Français, que des républicains ont oublié les lois et leurs sermens; qu'ils ont résisté au cri de l'honneur, outragé la nature et violé les droits de l'homme. Quel triomphe pour nos ennemis, quel prétexte pour calomnier notre révolution!

» Nous savons que la majeure partie des militaires qui ont vaincu à Furnes est saine et incorruptible, que nombre d'entre eux ont donné l'exemple du désintéressement et de la générosité, comme ils avaient donné celui du courage dans le combat; nous savons que le repentir en a ramené beaucoup d'autres que l'ivresse et la séduction avaient égarés ; mais il faut que la tache soit entièrement effacée et que chacun ait les mains pures.

» En conséquence, nous requérons les autorités civiles et militaires qui se trouvent dans la première division de l'armée du Nord, de prendre sur-le-champ les mesures les plus actives et les plus fermes pour que les auteurs, fauteurs et recéleurs des vols commis à Furnes, soient connus et livrés à la rigueur des lois, et pour que les effets pris soient restitués dans le plus bref délai. Nous savons que les corps administratifs et les généraux s'en sont déjà occupés efficacement, et nous les invitons à continuer de réunir leurs efforts pour cet acte de justice qui intéresse si essentiellement l'honneur de la nation et la cause de la liberté.

» Rappelez-vous, soldats, que le premier de vos titres est celui de citoyens; ne soyons pas pour notre patrie un fléau plus terrible que ne le seraient les ennemis eux-mêmes ; ils savent que la république ne peut exister sans vertus, et ils veulent, par les intrigues de leurs émissaires, en étouffer le germe parmi nous. Laissons-leur l'esprit de rapine et de cupidité, honorons-nous des vertus civiles encore plus que des vertus militaires ; que le faible et l'opprimé soient sûrs de trouver en vous une force tutélaire. Les vieillards, les femmes, les enfans, les cultivateurs, les hommes paisibles de tous les pays, sont nos frères ; nous devons les protéger contre la tyrannie, nous devons défendre, comme les nôtres même, leurs personnes et leurs propriétés : tels furent toujours, même au siècle du despotisme, les sentimens du soldat français ; tels doivent être, à plus forte raison, ceux des soldats de la république. »

Fait à Bergues le 1ᵉʳ juin 1793, l'an 2ᵉ de la république française.

Signé L. CARNOT, DUQUESNOY.

(N° 7), *pag.* 64.

Pour donner une idée des immenses travaux exécutés par Carnot au comité, nous allons extraire de sa correspondance si célèbre avec quatorze armées, une lettre à Pichegru qui contient un aperçu général de toute la campagne.

Paris, le 21 ventose, 2ᵉ année de la république, une et indivisible.

Carnot, représentant du peuple, à Pichegru, général en chef de l'armée du Nord.

« Le comité de salut public, général, me charge de t'expliquer le système de guerre qu'il a adopté pour les opérations de la campagne prochaine dans le Nord.

» Il a voulu que cette campagne fût ouverte par la prise d'Ypres, afin de couvrir par son moyen et par les inondations qui peuvent être formées depuis cette ville jusqu'à Newport, les villes de Bergues, Dunkerque, Cassel et Bailleul; en assurer la communication toujours précaire; pouvoir porter en avant les garnisons de l'arrière; raccourcir notre ligne de défense; inquiéter l'ennemi sur les villes d'Ostende, Bruges et Gand; l'obliger à tenir pour leur conservation une grande masse de forces dans la Flandre maritime, et diminuer d'autant celles qu'il destine à nous attaquer ailleurs; l'empêcher de pouvoir se soutenir dans les villes de Menin et de Courtray, et par conséquent de pouvoir communiquer avec Tournay et Oudenarde; l'éloigner enfin des postes de Turcoin, Roubaix et Lannoy par lesquels il resserre la garnison de Lille, appuie son camp de Cisoing et couvre Maulde, Orchies et tout le territoire que nous devrions occuper jusqu'à la Scarpe et l'Escaut.

» La possession d'Ypres a paru si importante au comité de salut public, qu'il veut que tu y emploies toutes les forces disponibles de l'armée, s'il est nécessaire; il désire que ce soit l'occasion d'une grande bataille, et te recommande de tout préparer en silence pour cet événement qui doit décider du sort de la campagne. Le plus tôt qu'elle sera livrée sera le mieux, afin de prévenir les secours que les ennemis attendent et le rassemblement de leurs forces. Le lieu de la bataille qu'il faut tâcher de choisir est le pays d'entre la Lys et l'Escaut, afin d'avoir la retraite assurée sur Lille en cas d'événement malheureux, et d'acculer tellement l'ennemi dans l'entonnoir que forment ces deux rivières, que, s'il est mis en déroute, il n'ait aucun moyen d'échapper. Les attentions que tu dois avoir principalement pendant cette action, sont de couvrir parfaitement ton flanc droit et de faire l'attaque avec des troupes légères, beaucoup de cavalerie et très-peu d'artillerie. Maître une fois de l'intervalle de ces deux rivières, tu menaces Gand et tu peux même t'en rendre maître; tu coupes toute communication à l'ennemi entre la Flandre maritime et le Brabant; tu te mets en mesure de tomber avec toutes tes forces, soit sur l'une, soit sur l'autre, et il faut nécessairement, ou qu'il t'abandonne la première, ce qui te livre Ostende, Bruges et Gand ; ou qu'il te laisse aller à Bruxelles par Oudenarde.

» Pendant que tu agiras ainsi sur le flanc gauche de l'ennemi, l'armée des Ardennes pénétrera dans tout le pays d'entre Sambre-et-Meuse, en délogera l'ennemi et fera son passage dans la Belgique par Charles-sur-Sambre, en masquant Namur, tandis qu'un autre colonne, tirée en partie de l'armée de la Moselle, sera dirigée sur Liége.

» Ces mouvemens doivent s'opérer simultanément avec ceux que tu feras dans la Flandre maritime, afin d'éparpiller les forces ennemies ; il faut donc que tu diriges le tout, que tu regardes l'armée du Nord et celle des Ardennes comme ne faisant qu'une, que tu renforces cette dernière et que tu indiques à son général les mouvemens qu'il aura à faire et auxquels il obéira ; elle doit être regardée comme l'aile droite de l'armée du Nord, et dans ce moment elle est sans aucunes forces disponibles ; il faut donc que tu fasses passer au moins douze à quinze mille hommes, parmi lesquels il se trouve de vieux cadres non encore remplis, afin qu'ils puissent recevoir les troupes de réquisition levées dans l'arrondissement de l'armée des Ardennes. Il faut ici beaucoup de troupes légères en infanterie, peu de cavalerie et peu d'artillerie.

» Il reste à parler de la trouée depuis Maubeuge jusqu'à Bouchain; ici nous voulons rester sur la défensive, escarmoucher beaucoup, faire une guerre de postes et éviter les actions décisives; car une telle action pourrait nous faire perdre une de nos places importantes; au lieu qu'une défaite de l'ennemi ne nous procurerait aucun avantage que celui de l'avoir fait retirer, pour un moment, dans la forêt de Mormal, à Valenciennes ou au Quesnoy, d'où il ressortirait quelques jours ensuite pour nous livrer une nouvelle bataille. Il faut donc simplement mettre de bonnes garnisons et bien approvisionnées à Landrecies, Bouchain et Cambray; conserver le camp d'Arleux et le reporter s'il est possible, au moins en partie, au camp de César; avoir un autre petit camp au Cateau, et un bon corps de cavalerie à Solesmes, établir quelques redoutes, rompre les chemins, serrer l'ennemi de plus en plus, le harceler par détail et ne jamais engager d'affaires générales; je pense que quarante mille hommes doivent suffire amplement pour cet objet. Une observation très-essentielle en cet endroit est de faire sans cesse mouvoir les troupes et changer les garnisons, autant pour les tenir en haleine, les empêcher de s'amollir et de se corrompre par l'inactivité, que pour rompre par une mobilité perpétuelle les trahisons qui peuvent s'ourdir, et empêcher qu'il ne se noue des intrigues; il faut que ce mouvement s'étende jusque sur les commandans temporaires et officiers-majors de place; les mutations de campement ont encore l'avantage d'empêcher l'ennemi d'asseoir ses projets, et l'obligent à des mouvemens qui le fatiguent plus que nous, parce qu'en qualité d'attaquant, il doit avoir une plus grande masse de forces et d'attirails à remuer.

» Il y a maintenant le point de Maubeuge et la Haute-Sambre à garder; le même système défensif doit y être observé : il faut réduire la garnison de Maubeuge à douze mille hommes, à cause de la difficulté des subsistances, la renouveler très-fréquemment, ainsi que l'état-major; faire camper le reste où les ennemis campaient l'année dernière, près le bois d'Ourlers, à la pointe duquel je pense qu'il conviendrait de faire une très-forte redoute dont le canon porterait jusqu'à la croisée des trois chemins de Landrecies, Barlaimont et Pont-sur-Sambre; occuper Wattignies et tenir à Beaumont un corps d'observation bien retranché.

Tel est, général, le système de la campagne prochaine suivant le désir du comité de salut public; toi seul et les représentans du peuple Richard et Choudieu doivent en avoir connaissance ; tu t'envelopperas envers tous les autres dans le secret le plus profond, et tu tâcheras sans cesse de tromper l'ennemi sur tes projets, et de le fatiguer par de fausses marches. L'intention du comité est que tu ne lui laisses pas le temps de respirer. Nous voulons finir cette année ; il nous faut une guerre des plus offensives, des plus vigoureuses ; c'est tout perdre que de ne pas avancer rapidement, que de ne pas écraser jusqu'au dernier de nos ennemis d'ici à trois mois, car ce serait à recommencer l'année prochaine, ce serait périr de faim et d'épuisement ; or, je te le répète au nom du comité et de la patrie, il faut finir. Tes affaires seraient bien avancées si tu pouvais t'emparer de Tournay ; peut-être serait-il possible de l'emporter de vive force, ou d'enlever la citadelle ; c'est à toi d'oser tout ce dont le génie de la liberté, le courage des républicains peuvent rendre capable. Aie de bons espions, sache tout ce qui se passe chez les ennemis, jette la division parmi eux, tous les moyens sont bons pour écraser la tyrannie; nous ferons à cet égard tous les sacrifices pécuniaires qu'il faudra.

» Lorsque tout sera préparé pour une grande action, tu nous le manderas; un ou deux d'entre nous, iront se réunir à nos collègues Richard et Choudieu pour aider aux succès; fais usage de tous tes moyens; ne laisse dans les places que ce qui est absolument indispensable pour le service courant. Le ministre a ordre de te faire passer les deux régimens de carabiniers qui sont à la Moselle, et un régiment de hussards.

» Salut et fraternité,

» CARNOT. »

(N° 8), *pag.* 64.

On lit, dans la *Vie de Carnot*, publiée en Allemagne par le docteur Koerte, quelques détails précieux sur cette accusation.

« Lorsque, peu de temps après sa nomination au comité de salut public, Carnot revint de l'armée du Nord, un de ses collègues, qui avait été commissaire avec lui près de cette armée, produisit au comité une dénonciation dans laquelle il accusait Carnot de *modérantisme*, pour n'avoir pas donné une adhésion complète à la journée du 31 mai 1793 où les jacobins établirent un comité et une armée révolutionnaire; et pour avoir refusé sa signature à l'ordre d'arrestation du général O Moran, qualifié de traître par ses collègues.

» Les dénonciations de cette nature étaient extrêmement dangereuses à cette époque. Les membres du comité se retirèrent dans une autre salle pour examiner les papiers, laissant Carnot seul en présence de son accusateur : la délibération terminée et le conseil ayant repris séance, Robespierre, quoiqu'il eût été prévenu par l'accusateur et qu'il fût le plus mortel ennemi de Carnot, prononça, au nom du comité, qu'il n'y avait pas matière à accusation, mais que la dénonciation n'avait été que l'effet d'un excès de zèle pour la chose publique. Alors, et seulement alors, Carnot déposa sur le bureau des pièces tant imprimées que manuscrites qui contenaient les preuves matérielles de dilapidations commises à l'armée du Nord, sous les yeux et sous l'autorisation au moins tacite de son propre accusateur. Celui-ci resta frappé comme d'un coup de foudre, et le comité gardait un profond silence : les faits ne pouvaient plus être contestés ; Carnot ramassa ces papiers et les jeta au feu en présence de tout le monde. Aussitôt son accusateur vint se précipiter dans ses bras et lui jura un éternel dévouement ; serment auquel il est resté fidèle jusqu'à sa mort. »

(N° 9), *pag.* 69.

Une autre anecdote, rapportée par Carnot lui-même, lors des inculpations faites à l'ancien comité de salut public, prouve encore plus clairement combien chaque membre était peu instruit de ce qui se passait dans les bureaux étrangers au sien, et de quelle manière les signatures étaient apposées sur les arrêtés pris au nom du comité.

Extrait de la séance de la Convention nationale du 6 germinal an III.

Levasseur de la Sarthe.—Je me trouvais au comité un jour où Carnot avait une dispute très-vive avec Robespierre, au sujet de l'arrestation de deux commis de ses bureaux, laquelle avait été ordonnée par ce dernier. Carnot dit à Robespierre : Il ne se commet que des actes arbitraires dans ton bureau de police générale. Carnot ajouta, en s'adressant à Robespierre : Tu es un dictateur. Robespierre furieux prit les prévenus à témoins de ce que Carnot venait de lui dire. Ceux-ci le regardèrent avec mépris....

Carnot.—J'avais la plus grande confiance dans les commis que Robespierre avait fait arrêter, et pour vous prouver de quelle manière se donnaient les signatures au comité de salut public, je dirai que j'avais moi-même signé leur arrestation sans le savoir. Il était impossible de signer autrement que de confiance, car il fallait donner cinq à six cents signatures chaque jour. Nous avons trouvé cet usage établi, et il s'observe encore dans les comités. Robespierre dirigeait tellement le bureau de police générale, que je ne pus obtenir ni la mise en liberté de mes commis, ni leur transfèrement dans une maison de santé, quoiqu'ils fussent malades. J'ajoute un autre fait. Je me livrais tellement à mon travail, que je ne me donnais pas le temps d'aller manger avec ma femme; quoique je demeurasse rue Florentin, j'allais dîner tous les jours sur la terrasse des Feuillans, chez un traiteur nommé Gervais. Robespierre l'apprit, il décerna un mandat d'arrêt contre lui, quoiqu'il ne sût pas son nom; il ordonna que le premier traiteur, en entrant dans les Tuileries par la porte du manège à droite, serait arrêté.

Je signai moi-même ce mandat d'arrêt, ainsi que Collot, sans le savoir; et lorsque nous y fûmes dîner, on nous montra notre signature; nous courûmes à l'instant au comité, et nous fîmes rapporter ce mandat.

(N° 10), *pag.* 73.

Un général célèbre et qu'on ne saurait accuser de partialité en faveur de Carnot, a su lui rendre justice.

. . . . , ...

« Les armées françaises eurent le temps de s'organiser et la France fut sauvée.

» Sa renaissance fut due à un seul homme : l'ingénieur Carnot s'empara de la direction de la guerre, dans laquelle il fut parfaitement secondé par les plus habiles ingénieurs et officiers d'artillerie, dont il sauva plusieurs de la guillotine pour se les associer, entre autres l'habile et vertueux général d'Arçon. Alors il déploya tous les ressorts de son étonnant génie et de ses sublimes talens dans toutes les parties de l'art de la guerre. Deux généraux habiles, tirés des rangs inférieurs et de la classe plébéienne, Pichegru et Jourdan, qui regagnèrent la confiance des troupes et rendirent aux soldats leur énergie naturelle, secondés par des états-majors choisis, dressés et organisés par l'habile Carnot, exécutèrent ses plans avec tant de précision, que la campagne de 1794 rétablit la gloire des drapeaux français, et leur ouvrit une carrière brillante de victoires et de conquêtes, qui leur assure une gloire ineffaçable.

» C'est Carnot qui est le créateur du nouvel art militaire en France, que Dumouriez n'a eu que le temps d'esquisser, et que Bonaparte a perfectionné. Carnot s'est plié à servir sous l'obscure tyrannie de Robespierre, ne tendant qu'au but unique de faire connaître à sa nation sa force et ses ressources. Cette utilité inappréciable excuse quelques écarts de sa conduite personnelle, qu'on ne doit attribuer qu'aux circonstances de la révolution. Carnot sera regardé de la postérité comme un philosophe austère, un parfait citoyen, bon époux et un grand homme. »

(*Mémoires de Dumouriez*, tom. IV.)

Voici comment s'exprime sur Carnot un

homme qui ne professa pas toujours les mêmes opinions que lui.

. . . .

« Ce gouvernement révolutionnaire, si terrible au-dedans, ne l'était pas moins au-dehors. Avec des armées de citoyens il bravait les armées stipendiées de l'Europe, et des chefs, sortis des derniers rangs, triomphaient des vieilles renommées de ses généraux. Les opérations militaires étaient dirigées à la fois avec audace et sagacité. L'heureux destin de la république avait jeté, dans le comité de salut public, un de ces hommes rares, étranger à toute intrigue et à toute ambition, simple dans ses manières et dans ses goûts, désintéressé, incorruptible, savant dans l'art de la guerre, enthousiaste de la liberté, de la gloire et de l'indépendance de la république; en un mot un de ces caractères antiques, l'honneur de leur siècle et de leur patrie. Carnot avait la dictature des armées, et la justifia par la victoire. »

(Mémoires de Thibaudeau, tom. I.)

Nous joindrons ici l'extrait d'un journal qui prouve quelle était l'opinion des étrangers sur les travaux militaires de Carnot.

(Moniteur du 28 brumaire an III (13 novembre 1794).

« Après avoir rendu compte du rapport de Carnot sur la reprise de Valenciennes, de Condé, etc., le *Morning-Chronicle* ajoute :

« Carnot, qui parle ainsi de Robespierre, n'a jamais eu rien de commun avec les factions intestines qui ont inondé sa patrie d'un torrent de sang ; il a donné toute son attention et appliqué ses talens aux moyens de repousser les ennemis de l'extérieur, et d'éteindre la guerre civile. Il jouit de la confiance et de l'estime de tous les partis, et on ne l'a jamais attaqué comme partisan ou agent de Robespierre. C'est à lui, comme premier directeur des opérations militaires, que les Français sont redevables de toutes leurs victoires ; Merlin de Thionville a dit de lui, et ses collègues ont tacitement avoué que toutes les fois que ses plans ont été suivis, les républicains étaient vainqueurs; et que lorsque l'on s'en écartait on était toujours battu. »

(N° 11), *pag.* 78.

Extrait du journal de la province de Liége, 22-23 avril 1816.

« L'École Polytechnique, qui vient de tomber............., est une institution due au génie de Carnot, pour lequel tous les élèves avaient une admiration et un attachement qui ressemblaient à un culte. Ce général, aussi habile homme d'État que grand mathématicien, avait naturalisé dans cette école un amour pour la patrie qui ne connaissait ni privations ni sacrifices. Tous les élèves avaient, à la vérité, une teinte républicaine empruntée de leur fondateur; mais l'austérité de leurs principes, quoique fortifiée par une éducation toute romaine, cédait chez eux à la soif de la gloire, à leur dévouement pour la patrie, pour laquelle ils seraient morts, quel que fût le gouvernement. Cette école fournissait d'excellens officiers d'artillerie et du génie. La marine, le génie civil, les mines, toutes les branches qui doivent leur prospérité à l'instruction dans les sciences exactes, tenaient leur éclat de cette belle institution, la première de l'Europe. »

(N° 12), *pag.* 85.

Les ordres du directoire se trouvent consignés dans une lettre de Carnot à Jourdan, écrite immédiatement après un premier échec de peu d'importance à Wetzlar, et bien avant l'armistice de Francfort qui n'entrait nullement dans les vues du directoire. Jourdan prit le contrepied des ordres qu'on va lire, et sa déroute ne tarda point à en être le fruit.

Carnot au général Jourdan.

5 messidor an IV.

« J'ai partagé, vous n'en doutez pas, digne et brave général ; la douleur qu'a dû vous faire éprouver l'espèce d'échec qu'a essuyé l'aile gauche de votre armée; mais je suis loin de m'alarmer sur les suites de cet événement; un mouvement rétrograde n'a souvent eu pour résultat que de porter à l'ennemi des coups plus sensibles, et tel est le parti que vous devez tirer, et que vous tirerez sans doute de la position où vous êtes.

» Vous vous souvenez, citoyen général, que l'hiver dernier, quand vous vîntes à Paris, nous convînmes que vous ouvririez la campagne par des opérations dont le but serait d'attirer sur vous, et le plus loin possible de son centre d'action qui est Francfort, toutes les forces de l'ennemi. L'objet en cela était de faciliter au général Moreau le passage du Haut-Rhin; or le mouvement que vous venez de faire, quoique rétrograde, produit cet effet, surtout si l'ennemi se porte jusque devant Dusseldorf, ce qui serait, selon moi, une chose très-heureuse pour nous et une très-grande faute de sa part.

» Sans doute Dusseldorf ne vous sera pas enlevé de vive force, l'habileté et le courage du général Kléber nous en répondent. Viendra-t-il donc en faire le siége régulier? Je le voudrais bien; il périrait de fatigues et de misères dans le malheureux pays où il aurait engagé son armée, et nous laisserait la faculté d'agir librement sur le Haut-Rhin où nous porterions les plus grandes forces. Il n'attaquera pas non plus par Mayence ni par Ehrenbreistein, car il ne pourrait le faire qu'en dégarnissant de nouveau le Bas-Rhin depuis Dusseldorf jusqu'à la Lahn, et en faisant à son tour un mouvement rétrograde dont, sans doute, vous sauriez profiter. Croire qu'il passera le Rhin en votre présence partout ailleurs, c'est une supposition qui ne saurait se faire; car, quand il y porterait toutes les forces de ses deux armées, personnel et matériel, certes, avec une armée de quatre-vingt mille hommes accoutumée à la victoire et un pareil fossé devant vous, vous ne le laisserez pas faire.

» Je vois donc, moi, dans ce qui se passe, le commencement d'une campagne glorieuse et décisive en faveur des armées républicaines. Pendant que vous tenez l'ennemi en échec, et que, fier d'une apparence de succès, il va de plus en plus s'engager, Moreau passera le Rhin, et gagnera ses derrières. L'ennemi pressé quittera précipitamment la Sieg et la Lahn pour faire tête à Moreau. C'est ce mouvement rétrograde, auquel il sera forcé dans peu, qu'il faut habilement saisir ; il faut déboucher brusquement du camp retranché de Dusseldorf, et le poursuivre sans lui donner l'instant de respirer, sans s'amuser à chercher des positions. Je vous promets pour résultat la victoire la plus signalée qui ait encore eu lieu depuis le commencement de la guerre.

» Il faut convenir que la position de la Lahn est détestable et presque impossible à conserver, parce que l'ennemi a toujours la faculté de se porter sur votre gauche : aussi n'est-ce pas ce que vous devez jamais tenter.

Ce que vous devez faire, c'est d'attirer l'ennemi à une grande et décisive bataille dans son propre pays, sur la rive droite du Rhin, et l'endroit le plus propre pour vous est précisément le lieu où il est actuellement, c'est-à-dire entre Dusseldorf et la Sieg ou la Lahn, il ne peut manquer d'y être exterminé s'il est bien pris sur le temps, et pressé sur ses derrières par le général Moreau.

» Voilà, citoyen général, quelles sont les vues sur lesquelles nous sommes tombés d'accord l'hiver dernier, et ce n'est pas lorsqu'elles commencent à s'accomplir qu'il faut perdre l'espoir. Moreau doit être passé, ou il passera bientôt, il en a l'ordre positif. Attirez donc l'ennemi de plus en plus vers vous; et préparez-vous à tomber sur lui avec toutes vos forces au moment de sa retraite.

» Gardez-vous, mon cher général, de prendre une attitude défensive, le courage de vos troupes s'affaiblirait et l'audace de l'ennemi deviendrait extrême. Il faut, je vous le répète, livrer une grande bataille; la livrer sur la rive droite du Rhin, la livrer le plus près possible de Dusseldorf, la livrer au moment où l'ennemi commencera à tourner pour faire face à Moreau, la livrer enfin avec toutes vos forces, avec votre impétuosité ordinaire, et poursuivre sans relâche l'ennemi jusqu'à ce qu'il soit entièrement dispersé.

» L'ennemi ne manquera pas de porter sur votre gauche un corps de troupes pour vous tourner, et vous arrêter dans votre course; il faut avoir une division exprès pour faire face à ce corps détaché, et qui, soit par sa force, soit par une position inexpugnable, le dispersera ou le contiendra.

» J'espère, mon cher général, avoir dans peu de jours à vous féliciter sur une victoire qui sera digne du vainqueur de Fleurus, de l'armée de Sambre-et-Meuse et de la cause que nous défendons.

» Salut et fraternité,

» CARNOT. »

Une nouvelle preuve de ces ordres donnés à Jourdan est fournie par le passage suivant d'une lettre du directoire à Bonaparte, général en chef de l'armée d'Italie.

. . . .
. . . .

« Nous prescrivons surtout aux généraux en chef des armées agissantes en Allemagne, de faire succéder aux nombreux et brillans combats qu'ils ont livrés, des actions plus sérieuses, dont les résultats soient décisifs. Ce n'est que par de grandes batailles gagnées qu'ils pourront dissoudre complètement l'armée autrichienne; et quelque habile qu'elle soit à rétrograder de position en position, nous espérons qu'en se rapprochant, ils la contraindront à un engagement général, dont l'issue l'obligera à aller se rallier au loin.

. . . .
. . . .

» Réveillère-Lepaux. »

Le directoire exécutif de la république française
à sa majesté l'empereur et roi.

Le directoire exécutif ne sauroit présumer, que votre majesté voye avec indifférence les maux qui affligent l'europe; il ne peut se persuader, qu'elle veuille se refuser à saisir l'espoir qu'il conçoit et qu'il lui offre, de mettre enfin un terme aux calamités d'une guerre si longue et si desastreuse. Si votre majesté considère quels ont été les resultats des campagnes précédentes, et qu'elle envisage dans l'avenir qu'elles seroient les suites probables d'une campagne nouvelle elle sera portée à conclure, que les succès dans la supposition la plus favorable pour elle, seroient aumoins balancés et qu'après beaucoup de vicissitudes et d'alternatives d'avantages et de revers, l'etat des choses ne seroit pas plus décidé qu'en ce moment, puisque la situation respective des deux puissances à quelques changemens près peut-etre dans les limites du théatre de la guerre, se retrouverait vraisemblablement peu différente de ce qu'elle est aujourd'hui. Le sang des hommes, versé de nouveau, et l'épuisement des ressources seroit donc le seul fruit qu'elle pourroit recueillir de sa tentative.

(N° 13), *pag.* 89.

La pièce importante que nous allons transcrire donne un démenti formel aux assertions des directeurs, que Carnot mettait obstacle à la paix, tandis que c'était lui qui, depuis long-temps, les pressait en vain de la conclure. Cette lettre est l'ouvrage de Carnot et entièrement minutée de sa main (voyez le *fac simile*).

Cependant elle a été imprimée avec la signature de Barras, dans la *Correspondance inédite de Napoléon Bonaparte*. C'est que toute pièce écrite au nom du directoire était signée par le président; aussi nombre de lettres relatives à la partie militaire dont Carnot était exclusivement chargé, ne portent point sa signature.

Le Directoire exécutif de la république française à S. M. l'empereur et roi.

»Le Directoire exécutif ne saurait présumer que Votre Majesté voie avec indifférence les maux qui affligent l'Europe; il ne peut se persuader qu'elle veuille se refuser à saisir l'espoir qu'il conçoit et qu'il lui offre de mettre enfin un terme aux calamités d'une guerre si longue et si désastreuse.

» Si Votre Majesté considère quels ont été les résultats des campagnes précédentes, et qu'elle envisage dans l'avenir quelles seraient les suites probables d'une campagne nouvelle, elle sera portée à conclure que, dans la supposition la plus favorable pour elle, les succès seraient au moins balancés, et qu'après beaucoup de vicissitudes et d'alternatives, d'avantages et de revers, l'état des choses ne serait pas plus décidé qu'en ce moment, puisque la situation respective des deux puissances, à quelques changemens près peut-être dans les limites du théâtre de la guerre, se retrouverait vraisemblablement peu différente de ce qu'elle est aujourd'hui. Le sang des hommes versé de nouveau, et l'épuisement des ressources, seraient donc le seul fruit qu'elle pourrait recueillir de sa tentative.

» Nous ne parlons point de l'influence que pourraient avoir les alliés sur le résultat de cette campagne, puisque Votre Majesté sait que la république en a acquis de très-puissans, tandis que la plupart de ceux qui étaient engagés dans la confédération armée contre elle, ont embrassé l'heureux et sage parti de la neutralité.

» Le moment est venu où il ne peut y avoir aucun intérêt réel à courir de nouvelles chances, où, une rixe fatale plus long-temps prolongée, serait désormais sans objet, où, quels que puissent être d'ailleurs les griefs réciproques et la diversité des principes politiques des deux gouvernemens, leurs intérêts coïncident en ce point, que tout les presse de se rapprocher pour le soulagement des peuples et le retour de la paix.

» Le directoire exécutif propose donc à Votre Majesté cette paix si nécessaire; il l'invite à accélérer, de tous ses moyens, une époque si désirée et si importante pour l'humanité entière.

» Cependant le directoire sent qu'une paix solide et convenable aux deux puissances doit être le résultat d'une négociation faite avec maturité, et qui pourrait entraîner des lenteurs, puisque la loyauté exige que, de part et d'autre, les puissances alliées soient engagées à y intervenir, et que leurs intérêts respectifs soient stipulés, si elles le désirent (*).

» Mais faudra-t-il, pendant cet intervalle, que le sang continue à couler? et s'il est possible d'en arrêter l'effusion, ne de-

---

(*) Ce paragraphe avait été rayé dans la minute, et remplacé par celui-ci :

« Déjà des ouvertures pour une paix particulière
» vous ont été faites, ainsi qu'il en avait été usé en-
» vers plusieurs autres puissances de la confédération
» qui ont conclu leurs traités partiels; mais *Votre*
» *Majesté* paraît ne vouloir traiter que de concert
» avec celles qui sont encore en guerre contre la ré-
» publique. »

« Cependant une paix négociée de cette manière
» peut entraîner des lenteurs; faudra-t-il, etc.... »

vons-nous pas croire que Votre Majesté s'empressera d'en adopter le moyen, surtout s'il peut être admis par les deux parties belligérantes, sans nuire aux intérêts ni même aux prétentions d'aucune ?

» Ce moyen existe, c'est celui d'un *statu quo*, ou d'un armistice général entre elles.

» Cet armistice est d'autant plus nécessaire que, indépendamment de ce qu'il fait cesser provisoirement des hostilités inutiles, et diminue l'exaspération réciproque en portant l'espoir dans tous les cœurs, il réunit l'avantage de faciliter et de hâter les conclusions de la paix, par la suppression des hasards et des événemens qui, tantôt favorables et tantôt contraires, haussent alternativement les prétentions des puissances contractantes, font varier sans cesse la négociation et en éloignent le résultat.

» Les deux propositions que le directoire exécutif fait à Votre Majesté sont donc celles-ci :

» 1°. Suspension d'armes simultanée sur

toutes les parties du théâtre de la guerre, entre les troupes françaises et les troupes autrichiennes;

» 2°. Convocation de ministres plénipotentiaires pour traiter de la paix définitive entre les deux puissances et leurs alliés respectifs, en tant que ceux-ci s'empresseront d'accéder à l'invitation qui leur en sera faite.

» Déjà une négociation est entamée en ce moment entre le gouvernement français et l'un de vos alliés principaux, le roi de la Grande-Bretagne; et la démarche que fait aujourd'hui, près de Votre Majesté, le directoire exécutif, loin d'être opposée à ces premières ouvertures, est une manifestation de son ardent désir d'en accélérer l'effet, de presser les réunions nécessaires, et surtout de suspendre, dès cet instant, le cours des malheurs de la guerre entre la république et Votre Majesté, en prononçant de suite sur la mesure provisoire et importante de l'armistice proposé.

» Nous adressons à Votre Majesté les présentes propositions, par un envoyé revêtu de notre confiance et chargé d'instructions et de pouvoirs suffisans pour statuer sur-le-champ tant sur le mode d'armistice, que sur le lieu et le mode de réunion des plénipotentiaires.

(N° 14), *pag.* 94.

Paris, 20 nivose, l'an cinquième de la république française, une et indivisible.

« Les soussignés membres du directoire exécutif,

» Arrêtent la convention dont la teneur suit :

» Il est expressément convenu entre lesdits membres, que chacun d'eux sortant de ses fonctions par la voie du sort ou par démission (dans le cas seulement où cette démission produirait l'effet du sort pour le remplacement), recevra une délégation affectée par portion égale sur le traitement des membres restant, de la somme,

Savoir :

» De quarante mille livres pour le premier membre sortant;

» Trente mille livres pour le second sortant;

» Vingt mille livres pour le troisième sortant;

» Dix mille livres pour le quatrième sortant.

» Il est également convenu, qu'en cas de décès de l'un des membres, la somme qui lui serait revenue, d'après la présente convention, sera remise à sa famille.

Suivent les signatures des cinq directeurs.

(N° 15), *pag*. 97.

La lettre suivante est antérieure à celle qu'interceptèrent les directeurs; mais elle prouve l'estime que Bonaparte portait à Carnot. Plusieurs autres, écrites à différentes époques (par exemple, celle où il l'engage à conserver le porte-feuille de la guerre, p. 115), avaient réfuté d'avance les expressions d'une petite jalousie, placées par MM. de Las Cases et Montholon, dans la bouche d'un grand homme qui, malheureusement, a donné lieu de croire qu'il n'en était pas exempt.

Vérone, le 9 pluviose an V
(28 janvier 1797.)

Au citoyen Carnot, membre du directoire exécutif.

« J'ai reçu votre lettre, mon cher directeur, sur le champ de bataille de Rivoli. J'ai vu, dans le temps, avec pitié, tout ce que l'on débite sur mon compte. L'on me fait parler chacun suivant sa passion. Je crois que vous me connaissez trop pour imaginer que je puisse être influencé par qui que ce soit. J'ai toujours eu à me louer des marques d'amitié que vous m'avez données, à moi et aux miens, et je vous en conserverai toujours une vraie reconnaissance; il est des hommes pour qui la haine est un besoin, et qui ne pouvant pas bouleverser la république, s'en consolent en semant la dissension et la discorde partout où ils peuvent arriver. Quant à moi, quelque chose qu'ils disent, ils ne m'atteignent plus : l'estime d'un petit nombre de personnes comme vous, celle de mes camarades et du soldat, quelquefois aussi l'opinion de la postérité, et par-dessus tout, le sentiment de ma conscience et la prospérité de ma patrie, m'intéressent uniquement.

» Deux divisions de l'armée. . . . .
. . . .
. . . .

» *Signé*, BONAPARTE. »

(N° 16), *pag.* 99.

. . . .

. . . . « Il n'est point vrai que ce soit Barras qui ait proposé Bonaparte pour le commandement de l'armée d'Italie ; c'est moi-même : mais sur cela, on a laissé filer le temps pour savoir comment il réussirait ; et ce n'est que parmi les intimes de Barras, qu'il se vanta d'avoir été l'auteur de la proposition au directoire. Si Bonaparte eût échoué, c'est moi qui étais le coupable ; j'avais proposé un

jeune homme sans expérience, un intrigant, j'avais évidemment trahi la patrie. Les autres ne se mêlaient point de la guerre; c'était sur moi que devait tomber toute la responsabilité. Bonaparte est triomphant; alors c'est Barras qui l'a fait nommer, c'est à lui qu'on en a l'obligation; il est son protecteur, son défenseur contre mes attaques; moi, je suis jaloux de Bonaparte, je le traverse dans tous ses desseins, je le persécute; je le dénigre, je lui refuse tout secours, je veux évidemment le perdre. Telles sont les ordures dont on remplit, dans le temps, les journaux vendus à Barras. » . . . .
. . . .

(Réponse de Carnot au rapport de Bailleul.)

(N° 17), *pag.* 102.

Nous rapportons ici une pièce de vers devenue historique par le sentiment qui l'inspira. Carnot abreuvé de dégoûts, soupirait après les douceurs de la vie privée; l'amour du bien public et les instances des vrais patriotes le retenaient encore au directoire. Ce fut au sein de ces agitations qu'il composa cette romance, expression touchante d'une ame vivement affectée. Le cousin Jacques (Beffroy de Reigny) la mit en musique et la fit chanter sur divers théâtres, où elle fut accueillie avec transport: M. Romagnési a depuis composé sur ces paroles une musique délicieuse.

Retour à ma chaumière.

Vieille chaumière, à ton aspect
Mes yeux se remplissent de larmes
Non, tu ne m'offres rien d'abject;
Je te retrouve tous tes charmes :
Vers tes foyers je vois encor
L'amitié, les vertus antiques,
L'innocence de l'âge d'or,
Habiter sous ces toits rustiques.

Fuyez, tumultueux désirs;
Calme mes sens, tendre verdure;
Je ne veux plus d'autres plaisirs
Que ceux de la simple nature.

Venez, venez, jeunes bergers;
Entourez-moi, jeunes bergères;
Suivons dans ces rians vergers
Les mœurs agrestes de nos pères.

———

La paix reviendra dans mon cœur
Avec vos chansons pastorales;
Je retrouverai le bonheur
Autour de vos tables frugales.
O simplicité, plaisir pur,
Douce image de l'innocence!
Vous me rendez, à l'âge mûr,
Les jours fortunés de l'enfance.

(*Opuscules poétiques du général Carnot.*)
Baudouin frères, 1820.

(N° 18), *pag.* 104.

Paris, 30 thermidor an V
(17 août 1797.)

Carnot au général en chef Bonaparte.

« Je ne vous entretiendrai pas, mon cher général, des prétendus dangers que court en ce moment la république; si ces dangers ne sont pas nuls, ils sont au moins centuplés par la peur. La peur fait prendre de part et d'autre des mesures extravagantes, et c'est dans ces mesures qu'est le véritable péril. Pour les spectateurs, il y a de quoi rire de ces terreurs paniques et réciproques : on peut dire que les deux factions ont le cauchemar ; chacune d'elles s'arme pour combattre des moulins à vent : la seule chose à craindre c'est que, lorsqu'elles seront armées sans savoir pourquoi, elles ne se trouvent en présence, et ne se battent réellement ; mais on commence à s'éclairer ; la peur a fait le mal, la peur en sera le remède.

» J'ai vu plusieurs fois votre aide-de-camp Lavalette, pour lequel vous m'avez écrit ; c'est un homme d'esprit, qui m'a paru très-sage, et je serai fort aise, s'il m'est possible, de faire quelque chose pour lui.

» Ce qui, à travers l'exaltation et les folies de nos don-Quichottes, fixe l'attention des hommes raisonnables qui veulent enfin un terme aux maux de la patrie, c'est l'expectative de la paix. Tous, mon cher général, ont les yeux fixés sur vous ; vous tenez en vos mains le sort de la France entière : signez la paix, et vous la faites changer de face, comme par enchantement. Je sais quelles sont à cet égard vos bonnes intentions ; je sais que c'est la mauvaise foi seule de l'Empereur qui a retardé un événement si désirable : mais puisque enfin l'Empereur semble vouloir se rapprocher et conclure séparément, ne laissez pas échapper l'occasion. Ah ! croyez-moi, mon cher général, il est temps de couronner vos travaux militaires ; faites la paix, il ne vous manque plus que ce genre de gloire : ne remettons pas la république en problème, songez qu'elle en sera toujours un jusqu'à la paix. Dussiez-vous la faire sur les seules bases du traité préliminaire de Léoben, concluez-la, elle sera encore superbe ; elle le sera aussi pour l'Empereur, à la vérité, mais qu'importe ? La paix pourrait-elle être solide si elle était onéreuse pour lui ? L'Empereur ne devient-il pas notre ami naturel et forcé par sa position géographique, du moment que la pomme de discorde qui était dans les Pays-Bas se trouve enlevée ? D'ailleurs son agrandissement ne donne-t-il pas de jalousie à ses voisins, à la Russie, aux Turcs, au roi de Prusse ; ses nouvelles possessions ne lui suscitent-elles pas des embarras qui l'empêcheront long-temps de s'occuper de nous ? Je ne vois qu'une seule précaution essentielle à prendre, c'est de vous ménager l'occupation de l'Italie pour le plus long-temps possible, et, en tout état de cause, ne consentir à l'évacuation qu'après le traité fait et ratifié avec François II, tant en sa qualité de roi de Hongrie et de Bohême, qu'en sa qualité d'Empereur et chef de la confédération germanique. En un mot, vous devez rester maître du pays jusqu'à ce que la paix continentale ait lieu de fait. Il me semble que cela peut se faire aisément, et alors, mon cher général, venez jouir des bénédictions du peuple français tout entier qui vous appellera son bienfaiteur ; venez étonner les Parisiens par votre modération et votre philosophie. On vous prête mille projets plus absurdes les uns que les autres ; on ne peut pas croire qu'un homme qui fait de si grandes choses puisse se réduire à vivre en simple citoyen. Quant à moi, je crois qu'il n'y a que Bonaparte redevenu simple citoyen qui puisse laisser voir le général Bonaparte dans toute sa grandeur.

» Croyez-moi, mon cher général, le plus sûr et le plus inviolable de vos amis.

» CARNOT. »

(N° 19), *pag.* 107.

Détails sur la journée du 18 fructidor.

« Une nuit fatale à la patrie imprima, au milieu même de ses ténèbres, l'infamie de ses auteurs sur tous les murs du palais directorial. Le temps ne les en a peut-être pas encore purifiés, tant l'empreinte en fut profonde, tant la souillure en fut étendue.

» Le 17 fructidor, pendant son dîner,

Carnot reçut une lettre qui le prévenait qu'à minuit le canon d'alarme serait tiré, et qu'à l'instant, son appartement investi, on se présenterait pour l'arrêter, et que comme on présumait qu'il chercherait son salut dans la fuite, on aurait d'avance aposté des meurtriers sur son passage. Carnot mit avec sang-froid la lettre dans sa poche, continua son dîner, fit sa promenade accoutumée, et rentra à l'heure ordinaire au Directoire.

» Un second avis lui annonça, à onze heures du soir, que les assassins étaient réunis dans le jardin du Luxembourg.

» Le président du Directoire était absent (c'était Réveillère); la peur, la confusion, l'horreur du crime l'avaient-elles jeté à l'écart?

» L'officier supérieur de la garde du Directoire, qui sans doute n'était pas dans le secret de l'expédition projetée, vint, en l'absence du président, rendre compte à Carnot, en sa qualité de dernier ex-président, des manœuvres remarquées dans le jardin, et du rassemblement d'hommes armés sous différens uniformes, sous divers costumes, et lui rendre compte de leur refus d'obéir à la sommation qui leur avait été faite de se retirer. Carnot lui donna l'ordre de réitérer l'injonction, en s'adressant surtout aux militaires qui sans doute mieux que d'autres respecteraient la consigne. Après quelques pourparlers, les bandits se retirèrent chez un des leurs ; et pour donner à cette réunion séditieuse une apparence de légitimité, on prétendit que ces *braves* ne s'étaient rassemblés que pour défendre le Directoire contre les attaques du Corps législatif.

» Compte exact fut rendu à Carnot, comme ex-président, des diverses agitations jusqu'à une heure du matin.

» Barthélemi reçut l'éveil sur ces mouvemens inaccoutumés ; il vint chez Carnot savoir quel parti il devait prendre : *Vous sauver*, lui dit Carnot, *si vous ne voulez être assassiné, arrêté au moins.*

» Peu de minutes après un aide-de-camp de

la garde vint chez Carnot pour s'assurer s'il était encore chez lui; il y était resté avec le calme d'un guerrier dont l'intrépidité fut toujours remarquable entre toutes ses autres vertus. La seule mesure de prudence qu'il prit, fut de se munir d'une double clef du jardin du Luxembourg. Une porte de derrière pouvait au moins favoriser son évasion en cas d'un danger pressant; cette mesure ne lui paraissait qu'une mesure de complaisance pour les affectueuses appréhensions de ce qui l'entourait. Eh! comment ce brave aurait-il cru légèrement que l'on voulût diriger contre un être isolé, et presque sans défense, des bandes armées? Sa politique franche, mais éclairée, pouvait-elle ne pas repousser l'idée d'un mouvement populaire qui pouvait tourner contre ses auteurs? La garde du Directoire lui paraissait un moyen sûr et suffisant de défense; la ressource de l'évasion ne se présentait qu'au dernier rang dans sa pensée, et ce moyen d'évasion fut cependant celui à qui seul il dut son salut.

» Les hommes qu'on avait ameutés contre Carnot, n'étaient pas pris parmi ces militaires dont le cri de guerre est *patrie*, et le mot de ralliement *honneur*. Ils avaient été choisis, tout exprès, parmi ces personnages violens, d'une haine implacable, pleins encore de ressentiment contre la réforme opérée par Carnot, et dans laquelle ils avaient été enveloppés, dont plusieurs avaient écrit à Carnot des lettres menaçantes qu'il avait, *pour ordre*, communiquées à ses collègues, et dont aussi les noms n'avaient pas été perdus, mais recueillis au contraire pour le jour d'attentat. L'un d'eux fut employé, dans la nuit du 17 au 18 fructidor, en qualité d'inspecteur de police, emploi qu'il perdit peu de temps après. Il n'avait été qu'un instrument servile dans des mains agitatrices; il fut écarté avec mépris quand il devint inutile, et brisé sans pitié, quand ceux qui l'avaient mis en œuvre le jugèrent dangereux.

» Carnot, harassé de fatigue, s'était jeté

tout habillé sur un lit de repos, placé dans une alcove ignorée de la salle à manger. Il conservait, on n'en doute pas, le calme qui n'abandonne pas un militaire exercé au combat au moment de l'assaut.

» La garde qui se présenta pour l'arrêter, fut trompée par l'adroite prévoyance de M. Allent (*) qui la conduisit dans sa chambre à coucher; et pendant le temps d'une perquisition infructueuse, Carnot s'évada par la porte de derrière de son jardin. Un général, dont je dissimule le nom pour ne pas renouveler sa honte, et peut-être ses regrets, avait été nommé tout exprès pour cette expédition forcenée, commandant en chef de la garde du Directoire. Ce fut pendant les minutieuses recherches de ce général, que Carnot trouva le temps de s'échapper, en désordre de toilette peut-être, car le procès-verbal de l'empressé commandant de la garde, constata que *le lit de Carnot était*

(*) Secrétaire de Carnot.

encore chaud quand il avait pénétré dans son appartement. Les furieux directeurs auraient dû lui savoir gré au moins de son empressement, de son dévoûment aveugle à leurs ordres. Leur inexécution avait été indépendante de son zèle ardemment valeureux. Il n'en fut pas moins remplacé par eux, peu de jours après.

» Le moment de l'assassinat de Carnot devait être celui du signal des mouvemens concertés dès long-temps, et le canon d'alarme ne fut tiré pour avertir les conjurés, que quelque temps après que son évasion ne fut plus douteuse.

» La haine des ennemis *souverains* de Carnot avait été prévoyante; et pour le cas où il parviendait à se soustraire à leurs coups, ils avaient eu la précaution de suspendre, sous des prétextes sur lesquels il ne prit jamais la peine de réfléchir, le paiement de son traitement de directeur ; de sorte qu'au 18 fructidor, il avait chez lui, et pour toute ressource, quelques écus dont il n'eut pas même, au moment de sa fuite, le temps de se saisir, pas plus que de ses armes, qu'il laissa pour trophée à ses vaillans et généreux vainqueurs.

» Le projet d'assassinat de Carnot était éventé d'avance; de sages patriotes lui avaient plusieurs fois offert leurs bras pour sa défense. Un jeune officier, distingué par ses talens, sa bravoure et ses services, lui demanda, à deux reprises, le 17 fructidor, l'autorisation de poignarder le *tyran* : c'est sous cette dénomination odieuse qu'il signalait l'ennemi connu de Carnot. Il repoussa, avec frémissement, cette proposition; calma la tête effervescente de ce jeune homme dont le génie, enflammé par les exemples effectifs du violent amour de la patrie, lui offrait peut-être en perspective, et dans l'avenir, la gloire de l'avoir sauvée.... Ce sentiment avait naguères mis le poignard à la main d'une femme célèbre.

» Déjà Carnot avait repoussé le projet formé par des patriotes purs, de l'arrestation de ses collègues; non qu'il ne les regardât comme en conspiration ouverte et permanente contre la patrie, mais parce qu'il croyait aux moyens de les ramener, qu'il en a conservé l'espoir jusqu'au dernier moment, et parce que, surtout, il était convaincu qu'attaquer la constitution, c'était porter à la liberté et à l'indépendance nationale le coup le plus funeste.

» Ils se reposaient sur le respect de Carnot pour cette constitution et l'inviolabilité de la représentation nationale, ses collègues, auxquels il s'en était si souvent ouvert. Ils savaient bien, trop peut-être, que jamais il n'autoriserait, ne consentirait même à aucune voie de rigueur, fût-elle constitutionnelle, contre les membres des corps légalement institués, avant d'avoir épuisé tous les moyens de conciliation. Devenir victime d'une proscription imméritée lui parut toujours préférable au pouvoir d'en immoler; le bonheur de la patrie ne résulta jamais, il ne l'ignorait pas, des sacrifices sanglans :

de grands malheurs suivirent presque toujours les sombres et farouches inquiétudes.

» Quelque soin que j'aie mis à adoucir le récit de la catastrophe de cette nuit fameuse, elle laisse, j'en suis sûr, à l'esprit des souvenirs importuns. Une anecdote assez piquante, liée par hasard à cet événement, pourra peut-être en tempérer l'impression.

» L'ambassadeur ottoman fut informé, dès le jour même, du prétendu coup d'État de la nuit. Ministre d'un sultan, il comprit à merveille comment les despotes avaient pu faire arrêter les représentans du peuple. Sa première question fut de savoir combien de têtes étaient plantées sur les murailles du palais...; mais il fut deux jours entiers à concevoir comment deux membres du pouvoir exécutif auraient pu être arrêtés. « Depuis le grand
» prophète, jusqu'à ce moment, s'écria-t-il,
» je n'avais pas ouï dire qu'aucun muphti
» se fût jamais coupé les bras. »

(N° 20), *pag.* 113.

L'activité de Carnot, sa sollicitude pour le bien de la patrie, son amour de la justice et son inflexible sévérité contre les dilapidateurs de la fortune publique ont toujours été les mêmes dans les importantes fonctions qu'il a remplies. L'extrait suivant de sa correspondance, pendant son ministère de la guerre, est une des meilleures preuves que nous puissions en apporter.

Paris, le 23 thermidor an VIII de la république française, une et indivisible.

Le ministre de la guerre,

Au général Masséna commandant en chef l'armée d'Italie.

« Je vais, citoyen général, entrer avec vous dans quelques détails sur les motifs qui ont fait prendre aux consuls la détermination dont je vous ai fait part, dans ma lettre du 11 du courant, et sur les nouveaux moyens qu'ils désirent que vous employez, pour atteindre au but qu'ils se proposent, qui est de réorganiser, en les épurant, tous les services de l'armée. Je n'aurai, en vous parlant des abus qui existent, rien à vous apprendre qui n'ait excité déjà votre sollicitude. Je n'aurai en exécutant les ordres des consuls, aucune mesure à vous prescrire, dont votre zèle pour la gloire et l'intérêt de la république, ne vous ait déjà fait sentir la nécessité ; mais je me félicite d'avoir à concourir ainsi à vos vues et au bien de l'armée que vous commandez, en vous faisant connaître les intentions du gouvernement, et vous appelant à les remplir.

» L'armée d'Italie que vous commandez actuellement, citoyen général, s'est formée des troupes de trois autres armées; 1° de celles de l'armée d'Italie de l'an VII; 2° de celles de l'armée de Naples ; 3° enfin de celles de la première armée de réserve, à quoi l'on peut ajouter encore celles qui furent détachées de l'armée du Rhin sous les ordres du général

Moncey, vers le commencement de la campagne actuelle. Les pertes de la guerre et la rentrée de divers corps dans l'intérieur, ont, depuis, diminué le nombre de ces troupes. Mais quoique diverses mutations aient également diminué le nombre des officiers-généraux attachés à ces différentes armées, ceux qui se trouvent encore en Italie, sont beaucoup trop nombreux, en raison des besoins de l'armée; la proportion nécessaire entre ceux qui commandent et ceux qui obéissent, est loin d'être dans des termes convenables, et une réforme sévère est, en ce moment, indispensable.

» Une disproportion plus grande encore, existe dans l'administration de l'armée d'Italie. Chacune des trois ou quatre armées dont elle s'est composée, a conservé dans sa fusion avec les autres, tout le système administratif qu'elle avait à elle seule. Outre le nombre excessif des commissaires des guerres qui semblent s'y être multipliés, l'intrigue, la faveur, différens prétextes illusoires, et rarement des besoins réels, y ont introduit un nombre considérable d'individus parasites qui, sous les noms d'inspecteurs, de contrôleurs, d'agens, soi-disant en chef, etc., se sont perpétués dans des emplois inutiles, se sont glissés dans tous les services, et qui, non contens de vivre aux dépens de la république, toutes les fois que les triomphes de nos armées nous ont valu des ressources nécessaires à ménager, ont su se les approprier, et les faire disparaître, avant même que l'autorité supérieure pût s'en apercevoir; qui, en un mot, étalant un luxe insolent à côté de la misère du soldat, ont fait souvent écouler par les plus honteuses voies, les fruits des plus brillantes conquêtes.

» Vous concevez, citoyen général, que l'intérêt de la république et celui de nos alliés, que votre propre gloire, et l'honneur du nom français, veulent que ces désordres soient réparés; que des mesures promptes, énergiques et générales soient désormais mises en usage, et que surtout leur exécution n'aille pas s'évanouir en vains et stériles projets. Régulariser tous les services; donner à l'administration de l'armée toute la précision dont elle est susceptible; assurer la responsabilité de ses agens; écarter l'ignorance et l'infidélité; déterminer enfin une organisation invariable dont toutes les parties, liées entre elles, produisent un mouvement uniforme dans sa marche, et fixe dans ses effets: tel est, citoyen général, le but vers lequel il importe que vous dirigiez tous vos efforts. Il vous appartient de rendre ce service à la république, et d'ajouter ainsi une gloire nouvelle à celle que vos travaux guerriers vous ont acquise. Vous serez secondé, dans cette opération importante, par tous les hommes de l'armée restés fidèles aux lois de la probité, comme à celles de l'honneur.

» Ce travail ne sera pas, il est vrai, sans difficultés. Il exigera des changemens, des réformes qui choqueront une foule d'intérêts particuliers. Mais ils doivent tous fléchir devant l'intérêt public, devant la détermination précise et la volonté ferme des consuls qui vous autorisent à ne céder à aucune considération privée, et qui vous recommandent surtout de ne pas laisser affaiblir cette grande mesure par des interprétations dilatoires, ou des distinctions particulières.

» Leur intention formelle, citoyen général, est que vous vous occupiez sur-le-champ de cette opération. Ils savent que le tableau des abus que vous avez sous les yeux, vous en avait déjà donné l'idée, et que vous l'auriez exécutée, si vous aviez été certain d'une autorisation éclatante qui pût vaincre les difficultés nombreuses que tous les intérêts froissés ne manqueront pas d'élever. Maintenant que le gouvernement lui-même vous assure de ses intentions et de sa volonté, il n'est plus aucun obstacle qui puisse vous arrêter.

» Il devient donc urgent, citoyen général, que vous vous fassiez remettre, si cela n'a déjà été fait, un état exact des troupes qui sont maintenant sous vos ordres. Vous composerez l'armée en tel nombre de principales divisions que vous jugerez nécessaires : vous désignerez les lieutenans-généraux qui devront les commander, et vous n'attacherez à l'état-major-général que les officiers strictement nécessaires au service.

» Quant au nombre d'officiers-généraux indispensables pour le commandement de chaque division, vous aurez soin de vous conformer à cet égard aux lois rendues jusqu'à ce jour sur l'organisation militaire, et de n'en admettre pas un seul au-delà du nombre prescrit. La même disposition sera rigoureusement suivie pour l'admission des aides-de-camp et des adjoints qui, sous aucun prétexte, ne pourront être en plus grand nombre que les lois ne l'autorisent.

» Vous renverrez, en conséquence, à leurs corps respectifs tous ceux qui, par suite de cette mesure, deviendront surnuméraires dans les états-majors.

» Nul officier de ligne ne doit rester dans les bureaux sous le titre de secrétaire, d'agent, de commissaire, etc., ou, si le dégoût de rejoindre son corps et de combattre sous ses drapeaux le fait persister à y rester, il doit donner sa démission, et cesser de compter sur les contrôles de la solde.

» Quant aux adjoints ou aides-de-camp qui ne tiennent à aucun corps, ou qui sont officiers à la suite, ils doivent également cesser leurs fonctions, et ils ne peuvent plus, sous aucun prétexte, recevoir le traitement d'activité. Pour vous faciliter l'exécution de cette mesure, je révoque généralement et sans exception, dès ce jour, tous les ordres particuliers, toutes les autorisations accidentelles qui ont pu émaner jusqu'ici des bureaux du ministère de la guerre, et en vertu desquels une foule d'individus qui ne sont pas militaires, sont successivement parvenus à être considérés et traités comme tels. Ne perdez pas de vue surtout, que la moindre exception justifierait toutes les autres, et par la suite une contradiction manifeste redeviendrait la source du désordre que l'on veut détruire.

» Attachez au commandement des places importantes des hommes d'un courage et d'une moralité à toute épreuve; et pour les commandemens moins importans, tels que ceux des postes et autres, pour les missions particulières et momentanées, où l'on emploie ordinairement ces officiers inutiles qu'on rencontre trop souvent dans les étatsmajors, vous trouverez toujours dans les corps chargés de la défense de ces postes, de braves officiers de ligne, dignes de votre confiance, et capables de remplir ces missions. Il est même aussi juste que nécessaire de donner cette preuve de considération au corps respectable des officiers de ligne, et d'ouvrir davantage pour eux la carrière de l'avancement dont les officiers d'état-major occupent trop les principales voies.

» Telles sont, citoyen général, les dispositions fondamentales de la grande opération que vous avez à faire, pour ce qui concerne le service actif de l'armée d'Italie. Quant au service administratif, il exige une réforme plus sévère encore, et le premier consul voulant que l'une et l'autre soient suivies avec la plus grande activité et terminées dans le plus court délai, a jugé convenable de vous décharger d'une partie de ce fardeau, en confiant la seconde opération au talent et au zèle du citoyen Eyssautier, commissaire-ordonnateur en chef, nouvellement envoyé à l'armée d'Italie, et que le gouvernement croit digne de toute votre confiance. Il doit déterminer, de concert avec vous, le nombre et le choix des agens de toute espèce strictement nécessaires à employer dans le corps des commissaires des guerres, dans la direction et l'administration des hôpitaux, dans les magasins de tout genre, dans les charrois, les transports et les remontes, et enfin dans tous les services de l'armée.

» Les dispositions générales que je vous indique ici, et les motifs que je vous développe, vous instruisent suffisamment de ce que vous avez à faire dans les parties que je n'ai point rapportées, et de l'esprit qui doit vous guider dans toutes. Ainsi vous ne devez perdre aucun instant, citoyen général, pour que l'organisation de l'armée soit promptement terminée d'après ces principes. Vous ferez former un état militaire proprement dit, des forces qui la composent, des officiers-généraux, ainsi que des officiers d'état-major qui doivent y être employés, tous réduits au nombre strictement nécessaire, et vous me l'enverrez pour que je le soumette aux consuls.

» Il sera également formé des états et contrôles des employés rigoureusement nécessaires dans chacun des divers services : les uns et les autres me seront adressés. Enfin, une fois que tous ces états auront été formés, que le nombre et le choix des individus auront été fixés, que tous les cadres auront été remplis, vous aurez soin de n'en laisser introduire aucun autre, sous quelque prétexte que ce soit, si ce n'est en remplacement.

» Je n'ai pas besoin de vous recommander de nouveau, citoyen général, l'esprit dans lequel les choix doivent être faits, ni les égards qui sont dus au degré de capacité de chaque individu ; mais ce que je vous recommande fortement, comme l'intention formelle du premier consul, c'est que cette opération importante une fois terminée, vous intimiez, sur-le-champ, à tout officier ou employé, écarté par cette réforme, et non compris sur les états, l'ordre le plus sévère de quitter l'armée aussitôt, et l'Italie dans le plus court délai. Déclarez que tous ceux généralement qui n'obéiront pas strictement à cette injonction, seront sévèrement poursuivis par le gouvernement aux yeux de qui cette désobéissance serait un indice certain de leur coupable conduite.

» Que les hommes dangereux, s'il en est que cette mesure peut frapper, ne pensent pas que les ressorts cachés et les intrigues secrètes qui les ont maintenus jusqu'ici, puissent les conserver encore et les dérober à l'œil sévère du gouvernement. Autant il mettra d'empressement à accueillir les hommes d'une probité avérée, que cette mesure générale peut atteindre, autant il en mettra à sévir contre ceux qui, par leurs brigandages, sont devenus l'opprobre de l'armée et le fléau de nos alliés.

» Je vous salue,

» CARNOT. »

Paris, le 15 prairial an VIII.

Le ministre de la guerre

Au général Moreau, commandant en chef de l'armée du Rhin.

« J'ai appris, mon cher général, l'exemple juste et nécessaire de sévérité exercé envers le commissaire des guerres P....... à l'armée que vous commandez. Il est pénible d'avoir à punir lorsqu'on voudrait n'avoir qu'à récompenser, et de rencontrer jusques dans la douceur de la victoire, des fruits amers à recueillir.

» Néanmoins, mon cher général, loin de vous détourner de cette conduite sévère, je me fais un devoir de vous affermir dans la résolution de n'en avoir point d'autre. Je sais que vos vertus douces et la bonté de votre caractère auront à souffrir; mais la gloire du nom français qui vous est confiée et que vous devez maintenir intacte et respectée; mais votre propre gloire qui vous commande d'être inexorable pour les délits commis sous votre autorité; tout enfin vous place dans la nécessité de réprimer un mal dont les suites funestes deviendraient incalculables.

» Ne serait-il pas, en effet, honteux que tandis que la France s'épuise en nombreux sacrifices pour terminer la guerre; lorsque ses enfans vont en foule verser un sang que les plus brillans avantages peuvent à peine payer; ne serait-il pas honteux que des commissaires des guerres, des généraux même dévorassent le fruit de tant de sacrifices, et qu'ils regardassent l'honneur de commander aux soldats français comme l'occasion de s'enrichir, et le fruit de leurs sueurs et de leur sang comme leur patrimoine?...

» Non, mon cher général, de pareils abus ne peuvent être soufferts. Le sang français est trop précieux pour être ainsi trafiqué. Il ne faut pas que ces désordres prennent racine dans l'armée du Rhin. Il ne faut pas que les généraux s'accoutument à l'impunité en se fiant sur leurs talens et leurs services. Et qu'importe, en effet, ces talens et ces services, si le fruit qu'on en retire tourne à leur profit et non à celui de la république ? lors même que ces services balanceraient les fautes, il reste toujours le crime d'avoir introduit dans l'armée une dépravation funeste.

» Je vous invite donc, mon cher général, au nom du salut public, d'être inflexible pour les concussionnaires quels qu'ils soient, et de mettre de côté toute considération particulière. Je vous autorise, je vous enjoins même de me rendre un compte exact et sévère de toutes les dilapidations ou brigandages qui parviendront à votre connaissance. Je me réserve d'en instruire le premier consul, et de provoquer sa sévérité contre tous ceux qui déshonoreraient le nom français aux armées. Telles sont, mon cher général, ses intentions formelles ; telle est ma résolution particulière ; tel est enfin le vœu de tous ceux qui prennent quelque intérêt à la gloire et à la prospérité de la république.

» Salut et fraternité.

» CARNOT. »

(N° 21), *pag.* 113.

Discours prononcé par le citoyen Carnot, ministre de la guerre, à la cérémonie de la translation des cendres de Turenne au temple de Mars, (aujourd'hui l'hôtel des Invalides.)

« Citoyens, vos yeux sont fixés sur les restes du grand Turenne : voilà le corps de ce guerrier si cher à tout Français, à tout ami de la gloire et de l'humanité; voilà celui dont le nom seul ne manqua jamais de produire la plus vive émotion sur tout cœur enclin à la vertu; que la renommée proclama chez tous les peuples, et qu'elle doit proposer à toutes les générations comme le modèle des héros.

» Demain nous célébrons la fondation de la république; préparons cette fête par l'apothéose de ce que nous laissèrent de louable et de justement illustre les siècles antérieurs. Ce temple n'est pas réservé à ceux que le hasard fit ou doit faire exister sous l'ère républicaine ; mais à ceux qui, dans tous les temps, montrèrent des vertus dignes d'elle. Désormais, ô Turenne ! tes mânes habiteront cette enceinte ; ils demeureront naturalisés parmi les fondateurs de la république ; ils embelliront leurs triomphes et participeront à leurs fêtes nationales.

» Elle est sublime, sans doute, l'idée de placer les dépouilles mortelles d'un héros qui n'est plus, au milieu des guerriers qui le suivirent dans la carrière, et que forma son exemple. C'est l'urne d'un père rendue à ses enfans, comme leur légitime, comme la portion la plus précieuse de son héritage.

» Aux braves appartient la cendre du brave ; ils en sont les gardiens naturels, ils doivent en être les dépositaires jaloux. Un droit reste après la mort au guerrier qui fut moissonné sur le champ des combats ; celui de demeurer sous la sauvegarde des guerriers qui lui survivent, de partager avec eux l'asile consacré à la gloire, car la gloire est une propriété que la mort n'enlève pas.

» Honneur au gouvernement qui se fait une étude d'acquitter la nation envers ses anciens bienfaiteurs ; qui ne redoute point les lumières que répandit leur génie ; qui n'a point intérêt à étouffer leur souvenir ! Honneur aux chefs d'une nation guerrière, qui ne craignent point d'invoquer l'ombre de Turenne ! La grandeur de tout héros est attestée par la grandeur des héros qu'il a surpassés ; il rehausse sa propre gloire, en faisant briller de tout son éclat celle des plus grands hommes, sans craindre d'être effacé par eux.

» Turenne vécut dans un temps où le préjugé plaçait des distinctions imaginaires au-dessus des services les plus signalés. Il sut faire disparaître l'éclat de son rang par celui de ses victoires, et l'on ne vit plus en lui que le grand homme. La France, l'Italie, l'Allemagne, retentirent de ses seuls triomphes ; et ce n'est qu'à ses vertus qu'il dut, après sa mort, cet éloge si sublime dans la bouche d'un rival généreux, grand homme lui-même, de Montécuculli : *Il est mort un hómme qui faisait honneur à l'homme.*

» Je ne répéterai point ce que l'histoire apprit à chacun de nous dès son enfance, les actions de Turenne, les détails de sa vie militaire, ni les détails plus intéressans peut-être encore de sa vie privée; il est des hommes dont l'éloge doit se réduire à prononcer leur nom. Le nom des héros est comme le foyer qui réunit en un seul point toutes les circonstances de leur vie; il imprime aux sens une commotion plus forte, à l'enthousiasme un élan plus rapide, au cœur un amour plus touchant pour la vertu, que le récit même des faits qui leur méritèrent la palme immortelle.

» Eh! quel titre plus glorieux pourrais-je unir au titre de père que les soldats décernèrent à Turenne pendant sa vie? Quel trait pourrais-je ajouter à celui de ces mêmes soldats après sa mort, en voyant l'embarras où elle laissait les chefs de l'armée sur le parti à prendre? *Láchez la pie,* dirent-ils, *elle nous conduira* (*). Que mettrais-je à côté des paroles de Saint-Hilaire ? Le même boulet qui renverse Turenne, lui emporte un bras : son fils jette un cri de douleur : *Ce n'est pas moi, mon fils, qu'il faut pleurer*, dit Saint-Hilaire, *c'est ce grand homme!*

» Turenne est aux plaines de Saltzbach, commandant à des Français, sûr de ses dispositions, sûr de la victoire ; il est frappé : Turenne est mort. La confiance et l'espoir sont disparus : la France est en deuil, l'ennemi s'honore lui-même en pleurant ce grand homme.

« Les Allemands, pendant plusieurs an-
» nées, laissèrent en friche l'endroit où il fut
» tué, et les habitans le montraient comme
» un lieu sacré. Ils respectèrent le vieux
» arbre sous lequel il reposa peu de temps
» avant sa mort, et ne voulurent point le
» laisser couper. L'arbre n'a péri, que parce
» que les soldats de toutes les nations en dé-

─────────

(*) La pie était le cheval que montait Turenne.

» tachèrent des morceaux par respect pour
» sa mémoire. »

» Les restes de Turenne furent conservés jusqu'à nos jours dans le tombeau des rois. Les républicains l'ont tiré de ce fastueux oubli; ils lui décernent aujourd'hui une place dans le temple de Mars où chaque jour le récit de ses victoires sera répété par les vieux guerriers qui habitent cette enceinte.

» Qu'importent des trophées sans mouvement et sans vie? Ici la gloire est toujours en action. Le marbre et l'airain disparaissent par le temps; cet asile des guerriers français, que la vieillesse et les blessures privent de combattre encore, se maintiendra d'âge en âge; et nos derniers neveux viendront avec respect s'y entretenir de ceux qui auront terminé leur carrière au champ d'honneur.

» C'est sur la tombe de Turenne que le vieillard versera chaque jour des larmes d'admiration, que le jeune homme viendra éprouver sa vocation pour le métier des armes; si après avoir embrassé son monument, si après avoir invoqué les mânes de Turenne, il ne se sent rempli d'un saint enthousiasme, si son cœur ne s'agrandit et ne s'épure, s'il ne se passionne pour toutes les vertus héroïques, il devra se dire à lui-même qu'il n'est pas né pour la gloire.

» De nos jours Turenne eût été le premier à s'élancer dans la carrière qu'ont parcourue nos phalanges républicaines; ce ne fut point au maintien du système politique, alors dominant, qu'il consacra ses travaux, qu'il sacrifia sa vie, mais à la défense de son pays, indépendante de tout système. L'amour de la patrie fut son mobile, comme il fut de nos jours celui des Dampierre, des Dugommier, des Marceau, des Joubert, des Desaix, des Latour d'Auvergne; sa gloire ne doit point être séparée de celle de ces héros républicains; et c'est au nom de la république, que ma main doit déposer ces lauriers dans sa tombe; puisse l'ombre du grand Turenne être sensible à cet acte de la reconnaissance nationale, commandé par un gouvernement qui sait apprécier les vertus !

» Citoyens, n'affaiblissons point l'émotion que vos cœurs éprouvent à l'aspect de cet apprêt funèbre. Des paroles ne sauraient décrire ce qui tombe ici sous vos sens; qu'aurais-je à dire de Turenne ? Le voilà lui-même; de ses triomphes ? Voilà l'épée qui armait son bras victorieux; de sa mort ? Voilà le fatal boulet qui le ravit à la France, à l'humanité entière. »

(N° 22), *pag.* 113.

On lit dans une feuille de travail avec les consuls, écrite entièrement de la main de Carnot, la note suivante :

« Proposition de faire délivrer à Latour
» d'Auvergne un sabre d'honneur, et de lui
» conférer le titre de premier grenadier des
» armées de la république. »

En marge est écrit aussi de la main de Carnot :

« Le premier consul décide que Latour

» d'Auvergne sera nommé premier grena-
» dier des armées de la république; qu'il
» aura un sabre d'honneur, et que je lui
» écrirai une lettre de satisfaction. »

Paris, le 5 floréal an VIII de la république française; une et indivisible.

Le ministre de la guerre,

Au citoyen Latour d'Auvergne-Corret.

« En fixant mes regards sur les hommes dont l'armée s'honore, je vous ai vu, citoyen, et j'ai dit au premier consul :

« Latour d'Auvergne-Corret, né dans la fa-
» mille de Turenne, a hérité de sa bravoure
» et de ses vertus.

» C'est l'un des plus anciens officiers de
» l'armée; c'est celui qui compte le plus
» d'actions d'éclat; partout les braves l'ont
» nommé le plus brave.

» Modeste autant qu'intrépide, il ne s'est
» montré avide que de gloire et a refusé
» tous les grades.

» Aux Pyrénées-Occidentales, le général
» commandant l'armée rassembla toutes les
» compagnies de grenadiers, et pendant le
» reste de la guerre, ne leur donna point de
» chef. Le plus ancien capitaine devait com-
» mander, c'était Latour d'Auvergne. Il
» obéit, et bientôt ce corps fut nommé par
» les ennemis la colonne infernale.

» Un de ses amis n'avait qu'un fils, dont
» les bras étaient nécessaires à sa subsis-
» tance; la conscription l'appelle. Latour
» d'Auvergne brisé de fatigues ne peut tra-
» vailler, mais il peut encore se battre. Il
» vole à l'armée du Rhin, remplace le fils
» de son ami, et pendant deux campagnes,
» le sac sur le dos, toujours au premier
» rang, il est à toutes les affaires, et anime
» les grenadiers par ses discours et son
» exemple.

» Pauvre, mais fier, il vient de refuser le
» don d'une terre que lui offrait le chef de
» sa famille. Ses mœurs sont simples, sa
» vie est sobre; il ne jouit que du modique

» traitement de capitaine à la suite, et ne se
» plaint pas.

» Plein d'instruction, parlant toutes les
» langues, son érudition égale sa bravoure;
» et on lui doit l'ouvrage intéressant inti-
» tulé : *Les Origines gauloises.*

» Tant de vertus et de talens appartien-
» nent à l'histoire ; mais il appartient au pre-
» mier consul de la devancer.

» Le premier consul, citoyen, a entendu ce précis avec l'émotion que j'éprouvais moi-même, il vous a nommé sur-le-champ premier grenadier des armées de la république, et vous décerne un sabre d'honneur.

» Salut et fraternité,

» CARNOT. »

Paris, le 13 prairial an VIII de la république française, une et indivisible.

Le ministre de la guerre,

Au général Moreau commandant en chef l'armée du Rhin.

« Je vous adresse, citoyen général, le

capitaine Latour d'Auvergne-Corret ; vous voudrez bien l'employer dans l'armée que vous commandez, de la manière que vous jugerez la plus utile et la plus convenable. Il a choisi lui-même jusqu'à présent sa place dans le rang des grenadiers ; c'est parmi eux qu'il a donné l'exemple le plus mémorable du courage et des vertus guerrières ; c'est au milieu d'eux que les services qu'il a rendus à son pays lui ont mérité le sabre d'honneur que lui a décerné le premier consul.

» C'était assez pour la gloire de Latour-d'Auvergne ; mais la campagne est ouverte, les lauriers cueillis ne sont plus rien pour lui, il en reste encore d'autres à moissonner ; il croit entendre la voix de ses compagnons d'armes qui se demandent entre eux où est Latour-d'Auvergne ? Dès-lors rien ne peut l'arrêter ; il oublie les fatigues de plusieurs campagnes pénibles et les infirmités qu'elles lui ont occasionées, elles lui commandent impérieusement le repos, mais l'amour des armes et de la patrie parle encore plus haut à son ame ardente, et j'ai cédé à ses instances réitérées pour servir à l'armée du Rhin.

» Je suis persuadé, citoyen général, que cet officier n'a pas besoin auprès de vous d'autres recommandations pour être bien accueilli, que la réputation qu'il s'est acquise dans les armées de la république.

» Je vous prie de vouloir bien donner les ordres les plus précis pour que cet officier touche le double traitement de son grade de capitaine de première classe, à raison de l'arme d'honneur qui lui a été décernée par le premier consul, et en vertu de l'article 5 de l'arrêté des consuls du 4 nivose dernier.

» Salut et fraternité,

» Carnot. »

Paris, le 17 messidor an VIII de la république française, une et indivisible.

Le ministre de la guerre,

Au général Moreau, général en chef de l'armée du Rhin.

« Après tant de victoires accumulées sans relâche, et qui ne laissaient pas à notre admiration le temps de se reposer, il semblait, mon cher général, que cette admiration dût être épuisée, et que l'habitude des succès dût la rendre impossible à ranimer. Vous nous avez prouvé le contraire ; et la savante audace qui caractérise vos dernières opérations sur le Danube, ainsi que les avantages qui en ont été le fruit, ajoute encore à l'enthousiasme universel. L'habileté avec laquelle vous avez conçu le passage de ce fleuve, de manière à tromper entièrement l'ennemi ; la hardiesse et l'intrépidité avec laquelle l'armée l'a exécuté, sans aucunes des ressources regardées comme *militairement* indispensables en pareille occasion ; enfin l'envahissement de la Bavière et les nouvelles victoires qui vous l'ont ouverte : tout nous a montré qu'il n'était rien de si grand que la république ne pût espérer et prétendre avec une telle armée, avec de tels généraux.

» La satisfaction du premier consul, à la nouvelle de vos victoires, n'a pas été moins pleine, ni moins entière. Il voit dans les succès qui ajoutent à son estime et à sa confiance pour vous, le gage assuré de ceux qui en doivent être la suite, et il s'occupera sans relâche à les favoriser de tous les moyens que la direction du gouvernement met à sa disposition.

» Il est cependant douloureux, mon cher général, que l'armée du Rhin, comme celle de l'Italie, ait à mêler des larmes à ses chants de victoire, et que la France ait encore à pleurer un héros. Latour-d'Auvergne a, comme Desaix, laissé sa vie au champ d'honneur; mais néanmoins il n'a point été, comme celui-ci, surpris au milieu de sa course. Blanchi sous les travaux, il est mort comme il avait vécu, et il a couronné une vie illustre par une fin glorieuse. Je me propose, mon cher général, de présenter son nom pour être inscrit sur la colonne nationale, au rang des braves dont l'armée du Rhin regrette la perte; cet honneur enflammera l'émulation des soldats que vous commandez, et j'espère que le premier grenadier des armées de la république trouvera bientôt parmi eux un successeur.

» Je vous salue et vous embrasse.

» CARNOT. »

Voici maintenant de quelle manière s'exprimait Carnot sur la mort du général Kléber.

Paris, le 22 fructidor an VIII de la république française (9 septembre 1800).

Le Ministre de la guerre

Au général Menou, commandant en chef l'armée d'Orient.

« CE fut un jour de deuil pour la république entière, que celui où se répandit le bruit de l'horrible attentat qui a ravi à l'armée d'Orient son digne chef, à la France un de ses plus illustres citoyens, au monde un grand homme. Quelques doutes semblaient permis sur ce funeste événement. La douleur publique les accueillit; mais vos dépêches du 14 messidor, arrivées avant-hier, citoyen général, par le navire l'Osiris, n'attestent que trop que Kléber ne vit plus que dans le cœur des braves, dans les regrets de la patrie et dans les fastes de l'histoire. Lorsque, le 25 prairial, l'armée triomphante à Marengo, couvrait de lauriers et de pleurs le corps du brave Desaix, que la mort frappait dans les bras de la victoire, mille souvenirs nous reportaient vers l'Orient, où naguères brillaient sa gloire et ses vertus, et tous les vœux étaient pour le salut et le triomphe de Kléber et de sa brave armée. Nous étions loin de penser qu'au même jour, au même instant, un exécrable assassin privait encore la France d'un des plus fermes soutiens de la gloire et de la puissance nationales. Organes de la douleur et de l'estime publiques, les consuls viennent d'arrêter qu'il serait élevé, sur la place des Victoires, un monument à la mémoire des généraux Desaix et Kléber; le premier consul en posera la première pierre le jour de la fête de la fondation de la république, le premier vendémiaire prochain.

. . . .
. . . .
. . . .

(N° 23), *pag.* 116.

Paris, le 16 vendémiaire an IX de la république.

Le secrétaire d'État au citoyen Carnot.

« J'ai l'honneur, mon cher compatriote, de vous envoyer officiellement une lettre que vous recevrez avec joie (*). Il n'est point en

───────────────────────────────

(*) Cette lettre est l'acceptation par les consuls de

moi d'éprouver ce sentiment. Les fonctions de votre place me rapprochaient souvent de vous; l'obsession de mes devoirs me laissera peu de momens à donner à l'amitié; mais si je suis privé du plaisir de vous voir autant que je le désirerais, je n'oublierai point pour cela tant de témoignages de bienveillance que j'ai reçus de vous pendant l'exercice de vos fonctions.

» Recevez, mon cher compatriote, les assurances de mon tendre dévouement.

» Hugues B. Maret. »

(N° 24), *pag.* 128.

Carnot était ministre de la guerre sans avoir même le grade de général de division; ce fut après sa sortie de ce ministère, que le rapport suivant, sur les services

---

la seconde démission donnée par Carnot du ministère de la guerre.

qu'il avait rendus à l'Etat, fut présenté aux consuls.

Carnot venait de donner sa démission, et ce rapport demeura sans réponse.

Rapport fait aux Consuls de la république française, par le ministre de la guerre.

Le 28 vendémiaire an IX.

« Il est des hommes dont il serait superflu de rappeler les services. Tel est le citoyen Carnot. Les annales de la république redisent assez ce qu'il a fait pour la prospérité, la gloire et l'indépendance nationales; mais, ce qui n'est point assez connu, parce qu'il a dépendu de sa modestie d'en voiler le mérite et l'éclat, c'est qu'avant d'être un grand administrateur, il était un habile ingénieur, un savant mathématicien, et qu'au sein des orages politiques, au milieu des fonctions les plus importantes, il conserva des mœurs, pratiqua les vertus, cultiva les sciences, et par un noble désintéressement, sut, à côté de son courageux dévouement à la république, maintenir dans toute leur pureté ces goûts simples qui, trop tôt sans doute, l'amènent aujourd'hui à une retraite philosophique.

» Il se délassait dans la carrière politique par des travaux qui suffiraient pour illustrer un savant. C'est à ces délassemens que les sciences doivent, entre autres ouvrages, un traité sur les forces vives, et des considérations sur le calcul infinitésimal, qui attestent la profondeur et la solidité d'un esprit qui reposait ainsi. A cette époque encore, il livra à la méditation des officiers du génie, parmi lesquels il s'honora toujours d'être compté, un nouveau système général des fortifications, dans lequel on reconnaît les résultats ingénieux et les applications utiles de ces connaissances profondes dans l'art militaire, et de ces grandes conceptions qu'il déploya toutes les fois qu'il eut part à la pensée directrice de la guerre. Enfin, dans les derniers jours de son ministère, au moment où sa constante activité imprimait un mouvement régulier à tous les rouages de cette vaste machine, qui contient tous les élémens de la guerre, il créait de nouvelles vues sur la trigonométrie, la partie la plus délicate et peut-être la plus utile de la géométrie.

» Capitaine du génie en 1783, le citoyen Carnot n'est que chef de bataillon de cette arme. Il l'est depuis l'an III. Une loi de fructidor an V le rayait de la liste des officiers de l'armée. Cette loi de proscription a été rapportée lorsque le héros de la France, voulant qu'elle fût juste pour qu'elle fût heureuse, rappela, dans son sein, tous les citoyens qui n'avaient pas cessé d'être dignes de la servir. Carnot rentra; il a été depuis ministre de la guerre, et les consuls qui voulurent le consoler de ses malheurs, par cette honorable marque de leur confiance, savent assez par quels travaux et avec quel zèle il l'a justifiée. La liste des généraux de division de l'armée française va être formée. J'ai cru qu'il était digne des consuls d'y placer Carnot, non pour récompenser les services d'un citoyen recommandable; mais pour rattacher à la science militaire et à l'arme du génie celui que l'une et l'autre réclament et tiennent à honneur d'obtenir, pour arracher enfin à sa retraite précoce, et rendre utile, autant qu'il peut l'être, l'un des militaires les plus savans et les plus modestes.

» Je crois inutile de parler du mode qui pourrait être suivi dans cette promotion. Je m'en rapporte à la magnanimité des consuls. Il me suffit, en leur soumettant les titres du citoyen Carnot, de m'être acquitté d'un devoir que m'imposaient également la justice, l'estime et l'amitié. »

(N° 25), *pag.* 128.

Compte pécuniaire de ma mission à l'armée du Rhin, pour être soumis aux consuls.

« Le 15 floréal an VIII, les consuls me donnèrent l'ordre de partir dans le jour pour l'armée du Rhin, mirent à ma disposition, pour cet objet, une somme de vingt-quatre mille francs, et le premier consul manifesta l'intention que je donnasse à cette mission un certain éclat.

» Je partis en conséquence dans la nuit du 15 au 16, accompagné d'un officier supérieur de l'état-major (le citoyen Dupont), un capitaine du génie (le citoyen Allent), un commissaire des guerres (le citoyen Dauzeret), un élève commissaire (le citoyen Cardon), deux aides-de-camp (les citoyens Monistrol et Hubinet), deux courriers et un domestique ; en tout dix personnes.

» La durée du voyage a été de quatorze jours, et la route d'environ quatre cent cinquante lieues. La dépense aurait pu être rigoureusement bornée aux frais de poste et d'auberge; mais j'ai cru qu'une certaine représentation dans les lieux principaux, tels que Genève et Dijon, entrait dans le but des ordres qui m'étaient donnés : j'ai cru également que, pour donner à cette mission le caractère de générosité qui vous anime, je devais décerner à chacun de mes compagnons de voyage, une légère gratification, tant comme indemnité que comme une marque de satisfaction pour le zèle extrême avec lequel ils ont coopéré à la remplir; le tout, y compris la retenue de 480 francs pour les invalides, monte à 13,800 francs; ainsi sur les 24,000 francs mis à ma disposition, il reste *dix mille deux cents francs*, que je fais remettre au Trésor public.

» J'étais porteur pour l'armée du Rhin, de 300,000 francs en traites et 150,000 francs numéraire qui ont été déposés dans la caisse du payeur général, à Bâle, suivant procès-verbal dressé par le commissaire des guerres Dauzeret.

» Le ministre de la guerre,
» CARNOT.

» Approuvé, en l'absence du premier consul, le 11 prairial an VIII.

» Le second consul,
» CAMBACÉRÈS.

» Certifié conforme.
» Le secrétaire d'Etat,
» HUGUES-B. MARET. »

(N° 26), *pag.* 130.

Extrait des minutes de la secrétairerie d'État.

« En notre cour impériale de Schœnbrunn le 23 août 1809.

» Napoléon, empereur des Français, etc.

» Nous avons décrété et décrétons ce qui suit :

Article Ier.

» Il est accordé au sieur Lazare-Nicolas Carnot, ancien ministre de la guerre, une pension de retraite de la somme de *dix mille francs.*

Article II.

» Cette pension sera acquittée, etc.

Article III.

» Nos ministres, etc.

» Napoléon.

» Par l'empereur, le ministre secrétaire d'État, Hugues Maret.

» Pour copie conforme.

» Le secrétaire-général du ministère de la guerre. Fririon. »

(N° 27), *pag.* 151.

Le ministre de la guerre, à M. le général Carnot, gouverneur d'Anvers.

Paris, le 7 avril 1814.

« Général,

» Par un acte du sénat conservateur, du 3 avril courant, Napoléon Bonaparte a été déclaré déchu du trône, et le droit d'hérédité établi dans sa famille a été aboli.

» Par une déclaration en date du même jour, le corps législatif a adhéré à l'acte du sénat conservateur.

» Le sénat a ordonné la formation d'une commission de gouvernement provisoire; et cette commission, par un arrêté subséquent, m'a investi des fonctions de ministre de la guerre, pour le ministère et l'administration de la guerre réunis.

» J'ai l'honneur de vous adresser, général, tous les actes émanés, à ce sujet, du sénat conservateur, du corps législatif et du gouvernement provisoire de France. Je ne doute pas, qu'après en avoir pris connaissance, vous ne répondiez à l'appel fait, en cette circonstance, à tous les vrais Français, c'est-à-dire, à ceux que touchent les noms d'honneur et de patrie ; que vous n'adhériez, en conséquence, à tous les actes émanés de l'autorité nationale, et que vous ne les fassiez reconnaître immédiatement par les troupes françaises sous vos ordres.

» Je vous invite, général, à me faire connaître, le plus promptement possible, votre acte personnel d'adhésion ainsi que celui des troupes sous vos ordres, aux changemens opérés dans la constitution de l'État, et à me mettre à portée, aussitôt que j'aurai présenté cet acte au gouvernement provisoire de France, de vous adresser des instructions appropriées à votre situation actuelle.

» Du moment que votre acte d'adhésion sera connu, toutes hostilités cesseront entre les troupes sous vos ordres, et celles des puissances alliées.

» Le ministre de la guerre,
» Le général comte Dupont. »

(N° 28), *pag.* 151.

Le général Carnot, gouverneur d'Anvers, à S. Ex. M. le comte Dupont.

Anvers, le 13 avril 1814.

« Monsieur le comte,

» Au reçu de votre lettre du 7 de ce mois et des pièces imprimées qui s'y trouvaient jointes, je me suis empressé de rassembler les membres qui composent le conseil de défense, lequel a tenu deux séances à ce sujet, l'une hier soir et l'autre ce matin.

» Dans la première tous les membres s'étaient prononcés spontanément pour l'adhésion pure et simple aux actes dont vous me donnez connaissance.

» La formule d'adhésion avait été en conséquence préparée sur-le-champ, et une proclamation de moi, concordante à ce principe, avait été imprimée pendant la nuit; mais dans la seconde séance, nous avons reconnu que notre ardent désir de la paix nous avait fait agir avec trop de précipitation; il est survenu de graves et nombreuses objections d'après lesquelles j'ai dû penser que nous n'étions pas suffisamment éclairés, et j'ai résolu d'envoyer à Paris un officier-général et un officier supérieur pour prendre connaissance du véritable état des choses, et nous mettre, sur leur rapport, en état de faire une déclaration réfléchie.

» Votre Excellence approuvera sans doute, qu'entourés d'ennemis qui cherchent sans cesse à nous tromper, nous demeurions dans une extrême défiance de tout ce qui nous vient du dehors : les sommations ou invitations multipliées qui m'ont été faites de rendre la place, et particulièrement celle de M. de Bulow et celle du prince royal de Suède dont je vous envoie copie avec mes réponses, prouvent une marche insidieuse, et annoncent que, dans l'intérieur, on est loin de l'unanimité ou même de cette grande majorité d'opinions qui doit déterminer l'obéissance de la force-armée.

» De plus, en discutant les faits et les actes que Votre Excellence m'a fait l'honneur de m'adresser, nous trouvons beaucoup de choses à désirer.

» 1°. Nous ne pouvons regarder comme parfaitement libres, des actes émanés des grandes autorités, pendant que l'ennemi est maître de la capitale ;

» 2°. Quoique l'abdication de l'Empereur soit annoncée comme certaine, nous n'en avons pas l'acte formel ;

» 3°. En supposant cette abdication réelle, nous ne voyons pas qu'elle doive priver son fils de ses droits à la succession, ni l'impératrice de ses droits à la régence ;

» 4°. Une grande partie des membres du sénat paraît n'avoir pris aucune part à ses délibérations. Il est possible qu'ils se trouvent réunis ailleurs et qu'ils prennent des décisions opposées ;

» 5°. Il paraît également qu'il n'y a qu'une faible portion du Corps législatif à Paris qui ait pris part à ses délibérations.

» Un ajournement jusqu'à plus ample informé, nous paraît être sans inconvénient majeur, tandis qu'une décision trop précipitée pourrait être la cause des plus grands désordres et peut-être d'une guerre civile. Cette place est si importante par son objet, sa force, sa position, sa population, son influence sur toute la Belgique, qu'une fausse démarche de notre part entraînerait infailliblement les plus grands malheurs. C'est à l'empereur Napoléon que nous avons fait notre serment de fidélité, nous devons le tenir jusqu'à ce qu'il nous soit démontré que son gouvernement a cessé d'être légitime.

» Agréez, monsieur le comte, etc.,
» Le général de division, gouverneur
» d'Anvers.
» Carnot. »

(N° 29), *pag.* 158.

Gouvernement d'Anvers.

Anvers, 1er mai 1814.

« Le général de division, gouverneur d'Anvers, annonce aux habitans qu'il touche au terme de sa mission.

» Il ne saurait se séparer d'eux, sans leur adresser ses vœux pour la prospérité de leur ville, ses félicitations sur leur conduite franche et courageuse, et sa gratitude pour les marques de confiance dont ils n'ont cessé de l'honorer.

» Il les remercie avec sensibilité des ressources qu'ils lui ont offertes pour l'entretien des troupes, et des secours généreux qu'ils ont prodigués dans toutes les occasions aux soldats blessés.

» Il s'estime heureux d'emporter l'assurance que tous ont rendu justice à la pureté de ses intentions, que les mesures de rigueur qu'il s'est vu quelquefois obligé de prendre, lui étaient commandées par des circonstances impérieuses, et qu'enfin pendant son séjour, grâce au bon esprit dont chacun était animé, Anvers est devenue un asile pour ceux qui fuyaient les malheurs inséparables d'une guerre terrible, plutôt qu'une ville en proie aux privations et aux dévastations qu'entraînent ordinairement un bombardement et un blocus prolongé.

» Le général de division, gouverneur,

» CARNOT. »

Réponse des Anversois au gouverneur :

« Les habitans de cette grande cité voient avec plaisir et reconnaissance le témoignage d'estime que leur donne S. Exc. le général Carnot, gouverneur de cette ville. Ils ont su juger la différence qui existait entre un homme affable, instruit, impartial, sévère, à la vérité, mais juste, et les hommes qui, jugeant au gré de leurs passions ou de leurs caprices, ignorant ou voulant ignorer les causes qui font adopter aux peuples telles ou telles opinions, frondant à tort et à travers les usages et les habitudes qui ne sont pas les leurs, ne voyaient dans un peuple paisible et bon, que des ennemis prêts à se soulever, et n'éprouvaient que le besoin de la vexation ou de la destruction sans nécessité. Ces hommes ne laissent rien d'eux dans notre ville, comme ils n'en emportent rien.

» Mais vous, général gouverneur, vous nous laissez de grands souvenirs, et vous emportez l'estime, la reconnaissance de presque tous les habitans de cette grande ville. Puisse cet hommage simple et vrai les rappeler encore long-temps à votre souvenir !

» Oui, le nom de Carnot s'associe à celui d'Anvers, et le burin de l'histoire les réunira. Tout autre éloge serait superflu. »

(N° 30), *pag.* 159.

Arrêté du 10 mars 1814, portant création d'une monnaie de siége.

« Vu la difficulté qu'éprouve le commerce de détail dans la place d'Anvers, par le défaut d'une suffisante quantité de monnaie circulante, et la nécessité de pourvoir au service journalier de la garnison;

» Le général de division, gouverneur, arrête qu'il sera fabriqué, sans délai, une monnaie obsidionale, qui aura cours à Anvers jusqu'à ce que l'état de siége soit levé.

» Cette monnaie sera composée de pièces de cuivre, valant intrinsèquement à peu près cinq centimes, lesquelles seront données et reçues en paiement par les caisses publiques et dans les transactions particulières, pour la même valeur de cinq centimes.

» Cette monnaie portera pour timbres, d'un côté en exergue, ces mots : *monnaie obsidionale*, et au milieu, 5 *centimes*; de l'autre côté en exergue : *Anvers* 1814, et au milieu, la lettre majuscule N, entourée d'une couronne de laurier.

» J.-P. Wolschot, fondeur de la marine, est exclusivement chargé de la fabrication de cette monnaie.

» Anvers, le 10 mars 1814.

» Le général de division, gouverneur,

» CARNOT. »

Autre arrêté du 16 mars, déterminant la valeur et le poids de chacune des pièces obsidionales.

« Pour accélérer, autant que possible, la fabrication et l'émission de la monnaie obsidionale créée par l'ordre du jour du 10 du courant,

» Le général de division, gouverneur, arrête : qu'en outre des pièces de cinq centimes, il en sera fabriqué de dix centimes, absolument au même type; quarante de ces pièces pèseront le kilogramme; et, par conséquent, quatre-vingts de celles de cinq centimes pèseront également le kilogramme.

» J.-P. Wolschot, fondeur de la marine, et chargé de la fabrication de cette monnaie, se conformera aux dispositions ci-dessus.

» Anvers, 16 mars 1814.

» Le général de division, gouverneur,

» Carnot. »

(N° 31), *pag.* 160.

Voici deux lettres écrites à Carnot, peu de jours avant son départ d'Anvers, au nom des habitans du faubourg qu'il avait préservé de la démolition.

« Monseigneur,

» Votre Excellence va nous quitter! Nous en éprouvons un mortel chagrin. Ah! si quelque chose pouvait en adoucir l'amertume, ce serait le bonheur de la posséder encore quelques minutes dans nos murs. Nous sollicitons cette grâce insigne avec la plus vive instance. Nous la supplions de daigner nous l'accorder,

» Et de vouloir bien agréer les nouvelles assurances du profond respect et de la profonde vénération avec laquelle nous sommes,

» L'adjoint-maire, pour tout le faubourg Borgerhout,

» L. MUGUET.

» Willebrord, le 30 avril 1814. »

« Monseigneur,

» Les bienfaits dont les habitans de Saint-Willebrord ont été comblés par Votre Excellence sont gravés dans leurs cœurs, ils ne s'effaceront jamais! Le simple monument que nous avons érigé en perpétuera le souvenir.

» Nous eussions donné plus d'éclat aux témoignages de notre reconnaissance, si le destin cruel ne nous eût séparés de la France! Eh! comment se livrer à la joie, quand le départ de Votre Excellence est pour nous le signal d'un deuil éternel!

» Votre Excellence nous quitte. Nous ne la reverrons peut-être jamais! Qu'il serait doux pour nous de conserver les traits du guerrier magnanime à qui nous devons nos fortunes et la vie! Si votre Excellence se faisait peindre un jour, et qu'elle daignât faire faire pour nous un double du tableau, les habitans de notre faubourg ne se croiraient plus séparés de leur ange tutélaire. Ce précieux présent sera déposé dans l'église de Saint-Willebrord.

» Les habitans de Saint-Willebrord et de Borgerhout sollicitent une seconde grâce: de permettre, seulement une fois l'année, à la personne chargée de les administrer, de s'informer de la santé de Votre Excellence, pour laquelle nous adressons au ciel les vœux les plus ardens!

» Veuillez agréer, etc.

» Les adjoints maire de Borgerhout et de Saint-Willebrord, pour tout le faubourg,

» L. Muguet, J.-J Guyot. »

» 1ᵉʳ mai 1814. »

(N° 32), *pag.* 164.

A M. Beugnot, directeur général de la police.

Paris, 25 juillet 1814.

« Monsieur le comte,

» Le but que je me suis proposé dans l'écrit dont Votre Excellence me demande la copie pour la mettre sous les yeux du Roi, et que j'ai l'honneur de vous adresser, a été d'instruire Sa Majesté de l'inquiétude générale qui règne dans les esprits, et de lui en faire connaître la véritable cause.

» Votre Excellence n'est sans doute pas à s'apercevoir que cette inquiétude est le résultat nécessaire de la crainte très-naturelle de voir renaître de leurs cendres nos discordes civiles.

» L'enthousiasme qui eut lieu dans toutes les classes de la société, l'élan de tous les cœurs vers le Roi, lors de sa rentrée en

France, semblaient être de sûrs garans de la réunion de tous les esprits.

» *Monsieur*, comte d'Artois, avait préparé cet heureux événement par l'assurance qu'il avait donnée au nom du Roi, que tout était oublié; que Sa Majesté ne voulait voir que des enfans dans tous les Français; que toutes les places, tous les honneurs seraient conservés à ceux qui en jouissaient.

» Sa Majesté avait elle-même confirmé ces promesses par son ordonnance du 2 mai. Tous les Français crurent que l'on pouvait compter sur un oubli généreux qui leur avait été si solennellement promis; aussi la joie publique ne fut-elle altérée par aucun nuage.

» Comment arrive-t-il donc qu'une inquiétude générale ait succédé à d'aussi heureuses dispositions? C'est que ceux qui ont pris une part plus ou moins active à la révolution, se voient, par suite des mesures déjà prises, menacés d'être dépouillés de leurs emplois, d'être rangés dans une classe proscrite, de n'être plus considérés sur leur sol natal, eux et leurs familles, que comme de véritables ilotes.

» La proscription n'a pesé jusqu'à présent que sur les conventionnels que l'on nomme votans, et sur les personnes qui leur tiennent par des liens d'amitié ou de famille; mais dès que c'est le vote qu'ils ont émis qui les fait proscrire, la proscription s'étendra nécessairement bientôt sur ceux qui auront provoqué ce vote par leurs adresses, ou qui l'auront confirmé par leur adhésion; et ceux-ci composent au moins les trois quarts et demi des Français.

» Il y a peu de communes qui n'aient fait des adresses en ce sens, soit pour provoquer le vote tel qu'il a été émis, soit pour en féliciter la Convention.

» Toutes ces adresses étaient signées individuellement, toutes étaient menaçantes, toutes s'exprimaient dans des termes plus ou moins violens; et ces adresses existent, elles furent imprimées dans tous les papiers publics.

» Les signataires d'adresses, leurs enfans, leurs proches, peuvent donc avoir des craintes fondées sur le sort qui les attend, et jusqu'à ce que ces craintes aient cessé, la fermentation ne peut être calmée.

» Or, ces craintes ne peuvent cesser, M. le comte, vous devez en être convaincu, que par la réalisation non douteuse des promesses faites par le Roi, promesses au surplus qui auraient été dictées par une bonne politique, lors même qu'elles n'auraient pas été dans le cœur de Sa Majesté. L'oubli seul du passé pouvait en effet concilier tous les intérêts, réunir tous les Français dans l'amour du roi.

» Comme bon Français moi-même j'ai dû chercher le moyen de faire parvenir la vérité jusqu'au trône. Il ne dépend que du Roi de ramener la sécurité dans les esprits; il lui suffira d'assurer le maintien de sa parole sacrée. Sa Majesté verra dans l'instant même se réaliser le vœu de son cœur; tous les Français s'empresseront de lui manifester leur amour, et de se dévouer à son service.

» Je suis, etc.

» CARNOT. »

(N° 33), *pag.* 166.

« M. G.... D...., s'étant informé que M. Carnot, de la rue Saint-Louis, était à sa campagne, est venu instruire M. le général son frère, que l'on fait imprimer son mémoire adressé au roi. — Que l'un des amis de mon fils a vu les épreuves. — Que ce mémoire imprimé doit paraître sous deux jours. — M. G... D...., dans l'intérêt de M. Carnot, vient, avec empressement, en avertir M. le général Carnot, afin qu'il prenne ou fasse prendre telle mesure qui lui conviendra contre cet abus de confiance, pratiqué par quelqu'un qui aurait obtenu communication du mémoire.—Mille devoirs. — Ce jeudi soir. »

(N° 34), *pag.* 168.

Lettre adressée à M. Beugnot, directeur général de la police, par les frères de Carnot.

Paris, 30 septembre 1814.

« Monsieur le comte,

» Nous avons été instruits ce matin, en l'absence de notre frère qui est à la campagne, que son mémoire au roi a été livré à l'impression, sans avoir pu obtenir des renseignemens plus précis; et aussitôt, Monsieur le comte, nous nous sommes transportés à votre hôtel pour vous en donner connaissance; mais nous n'avons pas eu l'avantage de vous y rencontrer; cependant il est instant que vous ayez connaissance de ce qui se passe et que vous l'ayez le plutôt possible, afin que vous avisiez aux moyens d'empêcher le tirage, ou du moins la distribution; ce qui nous engage à vous donner officiellement cet avis, afin que rien ne puisse être imputé à notre frère, dont les intentions nous sont connues, et qui ferait près de vous, Monsieur le comte, les mêmes avances, s'il était à Paris.

» Nous avons l'honneur, etc.

» CARNOT. »

Lettre de Carnot à ses frères.

2 octobre 1814.

« Je vous remercie des démarches que vous avez faites à l'occasion de mon mémoire au roi; vous avez bien fait de déclarer que je n'en ai autorisé l'impression ni en tout ni en partie; et, en effet, je n'ai aucune intention, quant à présent, de le faire imprimer, malgré la partialité du gouvernement pour les folliculaires qui soufflent le feu de la discorde. Si l'ouvrage paraît, comme on vous l'a dit, j'en désavouerai la publication. S'il y a des troubles, le gouvernement aura seul à se les reprocher; car il n'a qu'à dire un mot pour que tout soit en paix ; il n'a qu'à imposer silence à ce tas de polissons qui ne vivent que de désordres et de réactions.

» Je vous, etc.

» Carnot. »

(N° 35), *pag.* 172.

Voici quelques-unes des dispositions proposées par Carnot à l'Empereur lors de la discussion sur l'acte additionnel, en 1815.

« La nation française est souveraine et indépendante.

» Le peuple se donne une constitution politique pour assurer la prospérité nationale et le bonheur des particuliers.

» La Charte constitutionnelle doit être acceptée par la majorité des citoyens.

» Le gouvernement est monarchique, et la nation prend le titre d'Empire Français.

» Le monarque est choisi par le peuple.

» Il prend le titre d'empereur des Français et n'ajoute à ce titre aucune qualité.

» Sa personne est inviolable et sacrée.

. . . .
. . . .

» Aucun autre titre ou dignité n'est héréditaire en France. Toutes les distinctions honorifiques sont purement personnelles.

. . . .
. . . .

» Le peuple français est représenté par l'Empereur et par un corps de représentans temporaires divisé en deux chambres, dont l'une est désignée sous le nom de sénat, l'autre sous le nom de Chambre des députés.

» Les sénateurs doivent avoir plus de quarante ans et sont nommés à vie.

» Les députés doivent avoir vingt-cinq ans au moins, et sont nommés pour cinq ans.

. . . .
. . . .

» Le corps législatif nomme son président et ses secrétaires. Ses séances sont publiques, ses membres ne reçoivent aucun traitement. Il peut s'ajourner.

. . . .

» Le sénat exerce le pouvoir censorial sur toutes les autorités constituées : son devoir est de veiller au maintien exact de la constitution et des lois, et de faire des remontrances respectueuses à l'Empereur lorsque sa religion est trompée.

. . . .

» Le sénat est permanent et ne saurait s'ajourner : il choisit son président chaque année. La dignité de président du sénat est la première après celle de l'empereur.

. . . .

» Le sénat exerce les fonctions de jury d'accusation envers les membres des autorités constituées prévenus de délits.

» Les ministres et tous les autres agens du pouvoir exécutif sont responsables.

. . . .

» Les lois ne peuvent prendre naissance

que dans un conseil de législation (ou tribunat) composé de cinq commissaires du sénat, cinq commissaires du corps législatif, cinq commissaires des ordres judiciaires et cinq conseillers d'État, présidés par l'Empereur.

» Les projets de lois sont débattus d'avance au conseil de législation. Ils sont ensuite proposés par l'Empereur au corps législatif qui les discute, et les adopte ou les rejette purement et simplement, mais sans y faire aucun amendement.

» Les projets ainsi convertis en lois par le corps législatif, sont immédiatement promulgués par l'Empereur. »

. . . .
. . . .
. . . .

Paris, 4 mai 1815.

« Sire,

» Veuillez en croire un homme qui ne vous a jamais trompé et qui vous est sincèrement dévoué.

» La patrie est en danger; le mécontentement est général; la fermentation augmente sans cesse dans les départemens comme à Paris; la guerre civile est près d'éclater dans plusieurs parties de la France.

» Je propose à Votre Majesté deux projets de décrets que je crois propres à rétablir le calme, et à vous ramener la masse des citoyens; il faut qu'ils soient rendus *proprio motu* et non sur le rapport d'aucun ministre, ni délibération du conseil d'État : il serait à souhaiter qu'ils fussent affichés dans la journée.

» Je suis, etc.

» Carnot. »

« Napoléon, empereur des Français,

» Notre intention étant de ne laisser subsister aucune trace de la féodalité, nous avons décrété et décrétons ce qui suit :

» A dater de la publication du présent décret, les dénominations de *sujet* et de *Monseigneur* cesseront d'être en usage parmi les Français.

« Napoléon, empereur des Français.

» La liberté de la presse nous ayant fait connaître que le vœu du peuple français indique de nouvelles améliorations dans l'acte constitutionnel proposé à l'acceptation individuelle, nous avons décrété et décrétons ce qui suit :

Article Ier.

» La chambre des représentans statuera, de concert avec nous, dans sa prochaine session, sur les modifications dont l'acte constitutionnel est susceptible pour son perfectionnement.

Article II.

» La nouvelle rédaction de cet acte sera soumise à l'acceptation du peuple, dans ses assemblées primaires. »

(N° 36), *pag. 174*.

Rapport à l'Empereur par le ministre de l'intérieur.

« Sire,

» Il existe un exemple pour les progrès de la raison, fourni par une contrée du *Nouveau-Monde*, plus récemment, mais peut-être mieux civilisée déjà que la plupart des peuples de la contrée qui s'appelle l'*Ancien-Monde*. Lorsque les Américains des États-Unis déterminent l'emplacement d'une ville et même d'un hameau, leur premier soin est d'amener aussitôt sur le lieu de l'emplacement un instituteur, en même temps qu'ils y transportent les instrumens de l'agriculture; sentant bien, ces hommes de bon sens, ces élèves de Franklin et de Washington, que ce qui est aussi pressé pour les vrais besoins de l'homme que de défricher la terre, de couvrir ses maisons et de se vêtir, c'est de cultiver son intelligence.

» Mais, lorsqu'au milieu de la civilisation européenne, l'inégalité des fortunes, inévitable conséquence des grandes sociétés, laisse parmi les hommes une inégalité de moyens aussi grande, comment admettre au bienfait de l'instruction, au moins élémentaire, aux avantages de l'éducation primaire, la classe la plus nombreuse de la société? L'instruction sans morale pourrait n'être qu'un éveil de nouveaux besoins, plus dangereux peut-être que l'ignorance même. Il faut donc que la morale marche de front avec l'instruction : or, comment élever à la morale, en même temps qu'à l'instruction, le plus grand nombre d'hommes possible des classes les moins fortunées ? Voilà le double problème qui a mérité d'occuper les véritables amis de l'humanité, et que Votre Majesté veut résoudre elle-même en fondant une bonne éducation primaire.

» Quand j'exposerai à Votre Majesté qu'il y a en France deux millions d'enfans qui réclament l'éducation primaire, et que cependant, sur ces deux millions, les uns n'en reçoivent qu'une très-imparfaite, les autres n'en reçoivent aucune, Votre Majesté ne trouvera point minutieux, ni indignes de son attention, les détails que je vais avoir l'honneur de lui présenter sur les procédés déjà employés dans certaines éducations primaires, puisqu'ils sont les moyens même par lesquels on peut arriver à faire jouir la plus grande portion de la génération qui s'avance, du bienfait de l'éducation primaire, seul et véritable moyen d'élever successivement à la dignité d'hommes tous les individus de l'espèce humaine. Il s'agit ici, non pas de former des demi-savans, ni des hommes du monde; il s'agit de donner à chacun les lumières appropriées à sa condition, de former de bons cultivateurs, de bons ouvriers, des hommes vertueux, à l'aide des premiers élémens des connaissances indispensables, et des bonnes habitudes qui inspirent l'amour du travail et le respect pour les lois.

» Dans toutes les parties de l'économie politique, le grand art est de faire le plus avec le moins de moyens. Tel est le principe qui a dirigé plusieurs des philantropes qu'on peut regarder comme créateurs et directeurs de l'éducation primaire; ils ont voulu élever le plus grand nombre d'enfans avec le moins de dépense possible, et avec le secours du plus petit nombre de maîtres; voilà leur idée principale : voici maintenant leur moyen pour obtenir ce résultat; c'est de rendre les enfans instituteurs les uns des autres, pour la conduite morale comme pour l'enseignement intellectuel, par la rapide communication, par la transmission presqu'électrique de tous les commandemens qui partent d'un seul maître; ce maître se trouve ainsi multiplié sur tous les points d'une classe considérable, par ses jeunes représentans revêtus de différens noms d'*ins-*

pecteurs, de *moniteurs*, de *lecteurs*, et cette représentation d'un seul par tous et dans tous, est assez positive et assez sûre pour qu'un seul maître puisse suffire à soigner jusqu'à mille élèves; tandis qu'un maître d'école ordinaire ne peut guère aller au-delà du nombre de quarante. Cette règle de surveillance mutuelle, chose remarquable, on la retrouve dans les institutions de Lycurgue ; elle est ici la clef de tous les procédés dont l'instituteur primaire fait usage. Ce qu'il y a de plus heureux encore, c'est que dans ce procédé qui épargne le nombre des maîtres, en créant à l'instant des suppléans par la pratique sur le lieu même, et pour le besoin de l'école qu'ils dirigent, dans ce procédé, dis-je, se trouve un principe générateur de nouveaux maîtres. Les élèves qui viennent déjà d'être maîtres sur les bancs où tout-à-l'heure ils apprenaient encore, se trouvent, au sortir de la classe où ils ne tenaient encore la place que d'une fraction millième, devenus eux-mêmes capables de rassembler et d'élever aussi haut qu'eux, mille autres fractions pareilles ; c'est-à-dire, qu'ils sont tout-à-fait, et au moment même, capables de devenir les maîtres d'une classe aussi nombreuse que celle qu'ils quittent ; et la nouvelle classe dont on voudra les charger, va pouvoir à son tour donner des créations aussi fécondes qui devront s'augmenter et se multiplier toujours dans la même proportion.

» Ce ne serait donc pas concevoir une trop haute idée de la noble et philantropique institution des écoles primaires, d'espérer que, portée au dernier terme de son exécution la plus incontestable, elle ne peut manquer d'exercer une grande amélioration sur le sort de l'espèce humaine, puisqu'elle doit finir par faire participer tous les individus des classes les moins fortunées, au bienfait de la première éducation. Ainsi, l'institution de bonnes écoles primaires peut être considérée comme l'une des bases les plus positives de ce système, que les cœurs sensibles ont pu concevoir trop indéfiniment, mais que des esprits justes ont pu défendre dans ses limites naturelles, le système de la perfectibilité humaine.

» Dans la simplification du nombre des maîtres, V. M. vient de juger l'économie de la dépense; cette économie se trouve aussi naturellement liée à tous les procédés de l'éducation primaire; car le procédé de l'enseignement peut dispenser de l'usage des livres pour les écoliers, et rend presque nulle la consommation du papier et des plumes; une simple ardoise, destinée à l'écriture comme au calcul, suffit, le plus souvent, pour toutes les opérations que les élèves font, et voient successivement succéder les unes aux autres; tout ce qui est enseigné commande et saisit leur attention; ce sont les facultés intellectuelles, les forces morales qui sont incessamment sollicitées, stimulées dans chaque élève, et exercées dans tous simultanément, sans interruption, avec une telle suite d'examen, de comptes rendus, et de vérifications continuelles des actes de leur raisonnement, qu'il n'est permis à aucun de franchir un seul intermédiaire, ni de rien savoir à demi.

» Voulant rendre un sincère hommage aux hommes vertueux qui, par leurs efforts et leurs résultats, se sont le plus approchés de la solution du problème, je ne me fais point un scrupule national de commencer par citer, en première ligne, les noms d'illustres étrangers : le docteur Bell et le docteur Lancaster ne sont point nés dans notre patrie; mais les amis de la raison et de l'humanité n'ont point des patries différentes. Les deux hommes recommandables que je viens de nommer ont, à quelques différences près, mis en exercice le même système d'éducation primaire, et on leur doit sa propagation portée jusque dans les parties les plus reculées de l'autre hémisphère.

» Après avoir payé le tribut de l'estime et de la reconnaissance à ces deux nobles rivaux, il nous est doux de pouvoir aussitôt revenir sur nous-mêmes avec un juste sentiment d'orgueil, et de constater, sans risque de contradiction, que la route de l'instruction primaire a été ouverte et tracée, en France même, par des Français. On a vu, en 1747, M. Herbault faire un heureux essai de l'éducation commune dans une école de trois cents enfans, à l'hospice de la Pitié. Le chevalier Paulet pratiqua, en 1780, le même système, par une sorte d'instinct, dans son école militaire. Parmi les hommes qui, chez nous, ont saisi et propagé avec le plus de zèle, les idées sur l'éducation primaire, on doit citer le P. Bouchot Charier, M. le comte François-de-Neufchâteau, et les auteurs des méthodes qu'il a rappelées, M. l'abbé Gautier, M. Choron, M. de Lasterye, M. de Laborde, M. de Liancourt.

» Les deux Anglais que j'ai pu et dû honorablement citer devant le chef du gouvernement français, les docteurs Bell et Lancaster, ont chacun des méthodes particulières. L'avantage du système de l'éducation primaire est de se prêter, en quelque sorte comme un cadre heureux, à toutes les améliorations que l'expérience indique, et qui sont fournies tous les jours à la France par elle-même, ainsi que par toutes les autres parties du monde civilisé des deux hémisphères.

» Au surplus, soit que l'invention, soit que le perfectionnement de l'éducation primaire nous appartienne, hâtons-nous de prendre dans l'institution tout ce qu'elle peut avoir d'utile pour notre patrie ; s'occuper d'abord de nous-mêmes sous ce rapport, c'est s'occuper de l'humanité tout entière.

» J'ai l'honneur de proposer à Votre Majesté le projet de décret suivant.

» Le ministre de l'intérieur,

» CARNOT. »

» Au palais de l'Élysée, le 27 avril 1815.

» Napoléon, empereur des Français,

» Considérant l'importance de l'éducation primaire pour l'amélioration du sort de la société ;

» Considérant que les méthodes jusqu'aujourd'hui usitées en France, n'ont pas rempli le but de perfectionnement qu'il est possible d'atteindre, désirant porter cette partie de nos institutions à la hauteur des lumières du siècle;

» Sur le rapport de notre ministre de l'intérieur,

» Nous avons décrété et décrétons ce qui suit :

Article Ier.

» Notre ministre de l'intérieur appellera près de lui les personnes qui méritent d'être consultées sur les meilleures méthodes d'éducation primaire ; il examinera ces méthodes, décidera et dirigera l'essai de celles qu'il jugera devoir être préférées.

Article II.

» Il sera ouvert à Paris une *école d'essai d'éducation primaire*, organisée de manière à pouvoir servir de modèle, et à devenir *école normale* pour former des instituteurs primaires.

Article III.

» Après qu'il aura été obtenu des résultats [sa]tisfaisans de l'école d'essai, notre ministre [de] l'intérieur nous proposera les mesures [p]ropres à faire promptement jouir tous les [dé]partemens des avantages des nouvelles [m]éthodes qui auront été adoptées.

» *Signé* Napoléon.

» Par l'empereur,
» Le ministre secrétaire d'État,
» Le duc de Bassano.

(N° 37), *pag.* 174.

Paris, le 8 mai 1815.

Le ministre de l'intérieur, comte de l'Empire.

A M. le préfet du département d....

« Je suis informé, monsieur le préfet, que, [da]ns plusieurs parties de l'Empire, le secret [de]s correspondances a été violé par des [g]ens de l'administration. Qui peut avoir au[to]risé de pareilles mesures? Leurs auteurs [c]roiront-ils qu'ils ont voulu servir le gouvernement et chercher sa pensée ? Porter de pareils procédés dans l'administration, ce n'est point servir l'Empereur ; c'est calomnier Sa Majesté. Elle ne demande point, elle rejette les hommages d'un dévouement désavoué par les lois. Or les lois ne se sont-elles pas accordées depuis 1789 à prononcer que le secret des lettres est inviolable ? Tous nos malheurs, aux diverses époques de la révolution, sont venus de la violation des principes ; il est temps d'y rentrer. Vous voudrez donc bien, monsieur le préfet, faire poursuivre d'après toute la rigueur des lois ces infractions d'un des droits les plus sacrés de l'homme en société. La pensée d'un citoyen français doit être libre comme sa personne même.

» Agréez, monsieur le préfet, l'assurance
» de ma parfaite considération.

» Carnot. »

(N° 38), *pag.* 175.

Un des reproches adressés à Carnot est d'avoir accepté la présidence de la *Société libre des amis de la patrie et de l'humanité.* La lecture des statuts de cette société suffira pour faire apprécier cette accusation, aussi peu fondée que tant d'autres.

Société libre des amis de la patrie et de l'humanité.

« Il existe à Londres une société libre des *Amis de l'humanité :* elle recueille avec soin tous les actes, tous les faits qui ont pour objet la conservation des hommes. Elle vote des remercîmens à tout individu assez heureux pour avoir conservé la vie d'un citoyen, quels que soient d'ailleurs le pays et le rang de l'un ou de l'autre.

» Persuadés qu'une institution qui, à ce premier but honorable, joindrait celui de propager constamment les idées les plus généreuses, et d'encourager ce qui, dans tous les temps, est toujours beau, noble, grand et héroïque, ne pourrait qu'honorer la France et réveiller en nous cet esprit national qu'on ose nous refuser, surtout lorsqu'on vient à nous opposer une *nation voisine* dont les institutions les plus libérales sont souvent établies par le peuple lui-même pour qui l'amour de la patrie est un premier besoin ; dont l'union intime et la tendance vers ce but unique électrisent les ames et semblent faire de chaque individu une sentinelle vigilante, à laquelle rien de ce qui touche le bien public ne peut être indifférent : persuadés aussi qu'une telle association serait maintenant d'autant mieux accueillie, que son but sera plus vivement apprécié dans les circonstances difficiles où nous nous trouvons, et qu'elle pourra opérer plus de bien : des citoyens recommandables par leurs talens et leurs fonctions, ont résolu de former cet établissement sous le titre de *Société des amis de la patrie et de l'humanité.*

» La Société déclare qu'elle n'a *d'autre but* que de propager les idées généreuses et libérales; d'exciter et de porter à la connaissance du public tous les traits qui honorent la patrie et l'humanité; de décerner des médailles d'or ou d'argent à ceux dont les actions portent l'un de ces caractères; enfin d'accorder des secours aux familles qui ont souffert des événemens de la guerre, ou auraient éprouvé des malheurs non mérités.

» Les règlemens de la Société reposent sur les bases fondamentales qui suivent :

» 1°. Le nombre des membres de la société est illimité.

» 2°. Toute personne qui souscrit pour une somme déterminée à verser chaque trimestre, est membre de la Société, pendant tout le temps que dure sa souscription. Celle qui fait un don volontaire est membre pour l'année qui s'écoule, à partir de l'époque de sa souscription.

» 3°. Le trésorier de la Société sera toujours choisi parmi messieurs les notaires de Paris.

» 4°. Tous les actes et travaux de la Société sont confiés à un comité gérant, composé de dix membres choisis parmi les seuls souscripteurs.

» 5°. Les comptes de la Société seront arrêtés chaque trimestre et portés à la connaissance de tous les membres.

» 6°. L'un de messieurs les ministres de Sa Majesté sera prié d'accepter la présidence d'honneur de la Société, et messieurs les préfets et chefs des corps, celle de président délégué pour leur département et le corps qu'ils commandent.

» 7°. La Société publie chaque année, sous le titre d'Annuaire philantropique, une liste de ses membres, l'extrait de sa correspondance concernant les traits de courage, de désintéressement, d'héroïsme et de fidélité qui ont fixé son attention, et à l'occasion desquels elle a voté des remercimens ou des médailles. Elle s'occupe constamment de secourir les familles qui auraient éprouvé des malheurs ou des pertes occasionées par les événemens de la guerre.

» Fait et arrêté à Paris, le 20 avril, année 1815.

» *Signé* Le chevalier J. Delahaye,
» *président.*

» A. Chrestien, *secrétaire-général.* »

Extrait du registre des délibérations de la Société libre des Amis de la patrie et de l'humanité.

Séance du 25 avril 1815.

» Un membre propose que, conformément à l'article vi du protocole fondamental, la Société choisisse son président d'honneur.

» Le président donne lecture dudit article vi, ainsi conçu :

» *L'un de MM. les ministres de Sa Majesté sera prié d'accepter la présidence d'honneur de la Société, etc.*

» La Société délibère au scrutin, et les

votes recueillis et dépouillés, il en résulte que S. E. Monseigneur le comte Carnot, ministre de l'intérieur, est appelé à la présidence d'honneur.

» Une députation portera à Son Excellence le vœu de la Société.

» *Signé* le chevalier Delahaye,
» *président.*

» A. Chrestien, *secrétaire-général.* »

Extrait du registre des délibérations de la Société libre des Amis de la patrie et de l'humanité.

Séance du 10 mai 1815.

« Le président rend compte que la députation désignée pour se rendre chez Son Excellence le ministre de l'intérieur, à l'effet de lui présenter les vœux de la Société qui l'appellent à sa présidence d'honneur, a rempli sa mission.

» La députation qui devait être de sept membres, n'a été que de cinq, deux desdits députés étant retenus par les opérations des colléges électoraux.

» La députation composée de M. le chevalier Delahaye, président du comité, et de MM. Chrestien, Baudry, Roard et Voidet, s'est rendue le mardi, 9 de ce mois, à deux heures, auprès de Son Excellence qui a daigné l'admettre dans son cabinet particulier et l'accueillir avec la plus grande bonté. Le président a remis à Son Excellence le protocole de l'institution de la Société, la délibération par laquelle elle est suppliée d'accepter la présidence d'honneur et l'adresse particulière de la députation. M. le comte Carnot a répondu à la députation : Qu'il voyait avec une vive satisfaction se former une institution vraiment libérale qui jusqu'à présent manquait à la France, et dont toutes les classes de citoyens sentiraient bientôt l'importance et la nécessité. Son Excellence *a accepté la présidence*, et assuré qu'elle se ferait un plaisir de partager les utiles travaux de la Société. Elle s'est inscrite elle-même et a rempli la première souscription, qui à cet effet avait été réservée jusqu'à ce moment.

» La Société vote des remercîmens à la députation, et arrête qu'il sera écrit à Son Excellence pour lui rendre grâces de ce qu'elle a bien voulu agréer ses vœux.

» La Société arrête, en outre, qu'une copie de tous les actes et arrêtés pris par elle, sera adressée exactement à Son Excellence Monseigneur le comte Carnot, son président.

» La Société engage MM. les artistes à lui proposer des sujets de médailles, pour les cas qu'elle a prévus, et plus particulièrement pour les secours portés, au péril de la vie, aux naufragés et aux incendiés; des modèles de diplômes à délivrer aux membres de la Société.

» Les registres d'inscription de la Société sont ouverts chez M⁰ Roard, notaire.

» La correspondance doit être adressée, savoir : celle des autorités, à Son Excellence le ministre de l'intérieur, président, et celles des particuliers, *franche de port*, au comité central, chez M. le chevalier Delahaye, président délégué, ou à M. Chrestien, secrétaire général.

» *Signé :* le chevalier J. Delahaye,
» président délégué.

» A. Chrestien, secrétaire général. »

(N° 39), *pag.* 180.

La commission de gouvernement publia le 24 juin cette proclamation qui mérite d'être recueillie par l'histoire.

« Français! dans l'espace de quelques jours, des succès glorieux et un revers affreux ont de nouveau agité vos destinées ; un grand sacrifice a paru nécessaire à votre paix et à celle du monde. Napoléon a abdiqué le pouvoir impérial : son abdication a été le terme de sa vie politique. Son fils est proclamé. Votre constitution nouvelle, qui n'avait encore que de bons principes, va recevoir tous ses développemens, et ses principes même vont être épurés et agrandis. Il n'existe plus de pouvoir jaloux ! l'un de l'autre. L'espace est libre au patriotisme éclairé de vos représentans; et les pairs sentent, pensent et votent comme vos mandataires. Après vingt-cinq années de tempêtes politiques, voici le moment où tout ce qui a été connu de sage, de sublime sur les institutions sociales, peut être encore dans les vôtres. Des plénipotentiaires sont partis pour traiter au nom de la nation, et négocier avec les puissances de l'Europe cette paix qu'elles ont promise à une condition qui est aujourd'hui remplie. Le monde entier va être attentif à leur réponse : leur réponse fera connaître si la justice et les promesses sont quelque chose sur la terre. Français ! soyez unis; ralliez-vous tous dans des circonstances si graves; que les discordes civiles s'apaisent, que les dissentimens même se taisent en ce moment où vont se discuter les grands intérêts de la nation. Soyez unis du nord de la France aux Pyrénées, de la Vendée à Marseille. Quel qu'ait été son parti, quels que soient ses dogmes politiques, quel homme né sur le sol de la France pourrait ne pas se ranger sous le drapeau national, pour défendre l'indépendance de sa patrie? On peut détruire en partie des armées ; mais, l'espérance de tous les siècles et de tous les peuples le prouve, on ne détruit pas, on ne soumet pas surtout une nation intrépide qui combat pour la justice et pour la liberté. L'Empereur s'est offert en sacrifice en abdiquant, les membres du gouvernement se dévouent en acceptant de vos représentans les rênes de l'État.

» *Signé* Le duc d'OTRANTE, *président.* »

(N° 40), *pag.* 183.

Lettre du duc de Vicence à Carnot.

« On a l'honneur de prévenir M. le comte Carnot qu'il serait nécessaire qu'il se rendit sur-le-champ à Montrouge, pour voir les généraux, car il y a du mouvement parmi les troupes et cela presse.

» 4 juillet 1815, à quatre heures. »

(N° 41), *pag.* 188.

Vers cette époque un Français, justement estimé pour ses talens et son caractère, écrivit à Carnot une lettre que nous allons faire connaître, ainsi que la réponse; c'est l'expression d'un cœur ulcéré par les malheurs de sa patrie.

Paris, le 11 juillet 1815.

« Général,

» La voix publique vous rappelle; l'intérêt de la nation et les vœux de tout ce qui peut se dire Français, réclament vos services.

» Il ne m'appartient pas et je n'ai pas la prétention de vous donner des conseils; je ne veux que mettre sous vos yeux ce qui est, ce que pensent les personnes qui savent vous estimer et vous apprécier, et quelques réflexions; vous êtes éclairé, prudent et sage, vous réfléchirez et vous saurez prendre le parti convenable.

» Tous les ministères ont un chef, le

vôtre seul est vacant ; tout le monde dit, pense et espère qu'il vous est réservé, si vous en témoignez le moindre désir. A Dieu ne plaise que je prenne la plume pour vous proposer quelques démarches indignes de vous ! si je pouvais en avoir seulement la pensée, je ne serais pas digne de votre amitié, dont je connais trop le prix pour m'exposer à la perdre ; mais avant tout vous êtes Français, et permettez-moi d'ajouter que de plus vous êtes père.

» Rappelez-vous votre lettre du 24 janvier 1814. Cette lettre, vous le savez, vous a fait beaucoup d'honneur dans l'esprit de tout homme pensant. Sans démentir votre caractère, vous avez dignement et généreusement offert vos services à la patrie en danger ; ils ont été acceptés : les circonstances actuelles sont à peu près les mêmes, peut-être plus désespérées. La France a besoin, plus que jamais, d'un homme éclairé, probe et propre à la relever de la chute qui la menace et la perdrait sans ressource. Ne pourriez-vous pas offrir une seconde, une troisième fois vos services, pour sauver la France, sans cesser d'être vous-même et avec cette dignité qui accompagne toujours votre belle ame; alors, pour la septième, huitième fois, la France vous devra son bonheur, sa gloire et son salut, vous sauverez vous et votre famille.

» Telles sont, général, les réflexions que je soumets à vos lumières. Quel que soit le parti que vous preniez, je vous apprécie d'avance, et je vous connais assez pour être sûr que vous ne vous fixerez qu'après les plus mûres réflexions, et les plus convenables au seul parti digne de vous.

» Agréez, etc. »

Réponse de Carnot.

Cerny, 13 juillet 1815.

« J'ai bien reconnu, cher confrère, votre amitié et votre loyauté aux sentimens que vous témoignez par votre lettre du 11. Quoiqu'il soit dans mes principes qu'il ne faut jamais désespérer du salut de la patrie, j'avoue que je ne me crois pas de force à pouvoir la servir utilement. Si la France n'était que malheureuse, je n'hésiterais pas à offrir le peu de moyens qui me restent; mais elle est flétrie, et sa gloire passée ne me semble pas susceptible de retour avant la fin de ma carrière. Quand j'offris mes services à Bonaparte en 1814, je surmontais ma répugnance pour servir mon pays, et personne ne pouvait penser que ce fût par un motif d'ambition; mais les offrir aujourd'hui au roi, ce serait blesser toutes les convenances, et je ne crois pas que le duc d'Otrante trouve beaucoup d'approbateurs de sa conduite. Croyez cependant, mon cher confrère, que je passerais sur toutes espèces de considérations, si je présumais seulement que les sacrifices que je pourrais faire, seraient bons à quelque chose; mais je suis loin de penser ainsi. Il faudrait dix ans d'une sagesse constante à la France pour se relever; et ce n'est pas en France qu'on peut compter sur dix ans de sagesse. J'ai fait ce que j'ai pu, il ne me reste plus qu'à gémir et à faire des vœux pour que ceux qui viendront après nous soient plus heureux.

» CARNOT. »

(N° 42), *pag.* 188.

L'exposé de la conduite politique de Carnot est terminé par le résumé suivant des diverses accusations portées contre lui dans le cours de sa vie.

« Qu'il me soit permis d'arrêter un moment ici l'attention de mes lecteurs sur la bizarrerie de quelques événemens de ma vie politique.

» J'ai partagé avec mes collègues le bonheur de sauver Paris, et, par un coup d'État, je suis exilé de Paris.

» Je me suis chargé de la haine de Napoléon, pour m'être opposé seul à son premier avènement au trône des Français; je suis du très-petit nombre de ceux qui n'ont jamais brûlé d'encens sur ses autels, et l'on me compte parmi ceux qui ont conspiré pour le rétablir sur le trône.

» Je me suis plaint au roi des infractions que les agens de son pouvoir se permettaient de faire à la Charte constitutionnelle qu'il nous avait donnée, et l'on prétend que ces plaintes sont un outrage fait à Sa Majesté.

» J'ai toujours fait profession de me soumettre au gouvernement établi, et l'on me dépeint comme un factieux qui ne s'occupe qu'à marcher de révolution en révolution.

» Je fus le plus mortel ennemi de Robespierre, et l'on me fait passer pour son complice. Je me suis mis sur la brèche pour empêcher les réactions, et l'on me fait passer pour avoir cherché à les favoriser.

» J'ai passé les jours et les nuits à seconder les opérations de nos armées, et l'on me représente comme occupé, pendant ce temps, à dresser des listes de proscription. Dans mes nombreuses missions, je n'ai jamais ordonné de mon chef, même une arrestation, et l'on fait de moi un proconsul sanguinaire.

» Je me suis constamment montré l'ennemi des conquêtes; je ne voulais pas, même dans notre plus grande prospérité militaire, qu'on fût jusqu'à la limite du Rhin, et l'on assure que je ne respirais que guerre, invasion, bouleversement des États.

» Je n'ai jamais sollicité ni places ni faveurs; c'est toujours malgré moi que je me suis vu appelé aux grandes fonctions publiques; je ne suis pas plus chargé de richesses qu'au commencement de la révolution, et l'on me dépeint comme un homme avide de domination et de fortune.

» J'ai offert mes services au chef de l'État dans un moment où le salut de la patrie était presque désespéré, et l'on a dit que c'était par ambition.

» Chargé de la défense d'une place importante, j'ai inspiré la confiance au soldat, je lui ai fait aimer la discipline ; j'ai maintenu l'ordre et la sécurité parmi les habitans, lorsque tout au-dehors était livré aux alarmes et à l'oppression ; j'ai, sous ma responsabilité, empêché l'incendie d'un immense faubourg de cette ville, et l'on a essayé de persuader que je ne m'étais montré dans cette place que comme un despote et un vandale.

» J'aime et je cultive les sciences et les lettres, et l'on a dit que j'avais voulu désorganiser l'instruction publique.

» J'ai idolâtré ma patrie, et bientôt, peut-être, je serai forcé de solliciter de la générosité des princes étrangers un asile dans leurs États.

» Des parens, des amis, tous les hommes à idées libérales et modérées prennent part à mes infortunes ; ils me croient dans l'affliction. Qu'ils se rassurent ; je puis confirmer à leurs yeux cette grande vérité de morale universelle, qu'avec un cœur pur on n'est jamais malheureux :

> .... ille potens sui
> Lætusque deget, cui licet in diem
> Dixisse, vixi.
>
> HORACE.

» Cerny, le 12 septembre 1815.

» CARNOT. »

(N° 43), *pag.* 196.

Nous nous bornerons à une seule pièce de vers qui fut mise en musique par Romagnesi, et traduite en plusieurs langues (en portugais par le célèbre poëte Manuel).

LE RÊVE.

Un soir accablé de tristesse,
Je me couchai sous un ormeau :
D'un songe alors la douce ivresse
Pour moi vint changer tout en beau.
A mes vœux tout était prospère,
J'étais protégé des amours,
Je possédais le don de plaire.....
Que ne peut-on rêver toujours !

Je revis le siècle d'Astrée,
La paix régnait sur les mortels ;
Toute promesse était sacrée,
La justice avait ses autels.
On était tendre, on était sage,
On était franc dans ses discours ;
Plus de tyrans, plus d'esclavage.....
Que ne peut-on rêver toujours !

La terre parée et féconde
N'exigeait pas de durs travaux :
Ainsi qu'aux premiers jours du monde,
Les riches gardaient leurs troupeaux.
Sous des cabanes de feuillages
Les humains fixaient leurs séjours ;
Les amans n'étaient point volages.....
Que ne peut-on rêver toujours !

Mais un bruit semblable au tonnerre
Vint m'arracher à mon sommeil :
La félicité mensongère
S'évanouit à mon réveil.
De mon erreur plus de vestige ;
Adieu, charmes ; adieu, beaux jours !
Tout ce que je revois m'afflige.....
Que ne peut-on rêver toujours !

(N° 44), *pag.* 197.

Les étrangers ont rendu à Carnot une justice dont l'expression publique était souvent interdite à ses compatriotes. Un article du journal anglais l'*Examiner* nous a paru assez remarquable pour être traduit ici.

« Aucun événement ne nous fait faire de plus profondes et de plus tristes réflexions que le peu de sensation occasionée par la mort des plus grands hommes, quand cette mort est précédée de quelques années de retraite. Il est vrai que cette retraite se change si promptement en obscurité, que l'on peut être préparé à un tel résultat. Mais c'est lorsque la mort a mis un terme à une brillante existence, que nous voyons avec chagrin combien est passagère la renommée la plus éclatante, puisqu'elle survit à peine à celui qui l'a acquise. Ces derniers temps nous ont souvent inspiré de semblables réflexions, quand les convulsions politiques amenaient sur la scène du monde d'éminens personnages, qu'elles rejetaient ensuite dans la retraite ou dans l'exil. Sans parler d'événemens moins importans, la mort de Bonaparte lui-même a été presque oubliée en quinze jours. Il est vrai que, depuis, l'attention générale a souvent été réveillée par tout ce qu'on a publié sur les opinions de Napoléon et sur le traitement honteux qu'on lui a fait essuyer. Mais la nouvelle de sa mort a excité un si faible intérêt à Londres, qu'à peine elle a distrait quelques personnes des momeries et du clinquant préparés pour le couronnement du roi : à la vérité cet objet était bien digne de leur attention.

» Si celui qui a tenu dans ses mains les destinées de la presque totalité du monde civilisé, est descendu dans la tombe, sans laisser, pour ainsi dire, de traces après lui, ne nous étonnons point qu'un homme, plus grand peut-être que Napoléon dans le vrai sens du mot, mais dont la carrière jeta moins d'éclat, soit mort sans qu'on ait fait plus qu'annoncer le terme de son existence. Selon nous, Carnot était de tous les hommes produits par la révolution celui qui possédait au plus haut degré les qualités qui constituent la véritable grandeur. Il a donné au monde le plus bel exemple de cette abnégation de soi-même qui, sans doute, est la plus rare de toutes les vertus. Il ressembla mieux qu'aucun autre de ses contemporains aux héros de l'ancienne Rome. Son républicanisme, son amour pour sa patrie étaient d'une nature austère et sublime qui paraissait au-dessus de l'humanité. Trop souvent on vit chez les anciens ces nobles avantages s'unir à une sévérité barbare qui ne nous semble pas toujours avoir été compensée par les vertus dont elle était l'indice; au lieu que chez Carnot ce stoïcisme était accompagné d'une modération rare dans les affaires d'État, d'une douceur et d'une aménité dans les relations privées qui montraient que les principes les plus austères étaient loin d'exclure en lui un cœur sensible et bienfaisant.

» La carrière publique de cet homme extraordinaire est marquée par des succès d'autant plus frappans, que les difficultés dont il était entouré auraient pu devenir la cause et l'excuse des revers auxquels on pouvait s'attendre. Il s'est élevé au-dessus des obstacles avec toute la puissance de son génie, et les a même rendus utiles à ses projets.

» Carnot est né en Bourgogne en 1753. A l'époque de la révolution il était capitaine du génie, et ne se distinguait pas moins par ses talens littéraires que par des connaissances profondes dans toutes les parties de son état. En 1791 il fut élu membre de l'Assemblée législative, et depuis lors l'on reconnut en lui le caractère d'un républicain ardent, fidèle et sincère : il vota la mort du roi. . . . .

. . . .
. . . .
. . . .
. . . .
. . . .
. . . .
. . . .

» Carnot devint ensuite membre du comité de salut public dont Robespierre était le chef, et plusieurs fois en Angleterre on a voulu lui faire une part dans les forfaits de ce monstre. Les gens qui ne cherchent qu'à ternir la réputation des patriotes, ont constamment représenté Carnot comme compromis dans les boucheries de cette époque si justement appelée le règne de la terreur : mais ces venimeuses assertions sont tombées d'elles-mêmes comme tant d'autres. Carnot, loin d'avoir trempé dans les atrocités de ses collègues, leur avait opposé tant d'obstacles que sa mort était résolue aussitôt que les circonstances auraient permis de se passer des talens supérieurs avec lesquels il dirigeait le ministère de la guerre. Une seule preuve suffira pour démontrer que l'opinion publique savait séparer sa cause de celle de Robespierre et de ses agens ; c'est qu'à la chute de celui-ci, lorsque tous ceux qui avaient eu les moindres relations avec lui étaient proscrits, Carnot continua à faire partie du gouvernement, et qu'aux élections suivantes il fut nommé par quatorze départemens. On a dit, et nous le croyons sincèrement, qu'il avait sauvé plus de monde pendant la durée de ses fonctions, que Robespierre et Saint-Just n'en avaient immolé (*).

» Ce fut au comité de salut public et au

(*) Nous profitons de cette occasion pour faire connaître une lettre de Carnot, adressée aux représentans du peuple près les diverses armées, au sujet de la catastrophe de Robespierre et de ses complices.

Paris, le 10 thermidor an II.

« Faites savoir aux incomparables armées de la république, qu'un nouveau genre de scélératesse avait trouvé dans leurs succès mêmes, des motifs pour les calomnier. D'infâmes tyrans, qui avaient usurpé le nom de patriotes, voulaient désorganiser la victoire qui sur toutes nos frontières est à l'ordre du jour depuis le commencement de la campagne. Les traîtres ont reçu le prix de leurs forfaits, la représentation nationale a délivré la France de ses modernes *Catilina: Robespierre et ses complices ne sont plus!* L'oppression a disparu, tous les cœurs s'ouvrent aux plus doux épan-

directoire que Carnot développa ses talens extraordinaires; et c'est surtout à cette partie de sa carrière que se rapportent nos expressions au commencement de cet article, qu'il avait su convertir en élémens de succès des obstacles qui eussent paru insurmontables pour d'autres. Rien ne nous a plus sou-

---

chemens et l'allégresse a pris la place de la consternation dans Paris.

» Dites aux généraux de redoubler de vigilance pour qu'aucun échec ne vienne fournir de nouvelles armes aux malveillans, que l'enthousiasme des troupes s'exalte de plus en plus; que la discipline, par laquelle elles ne se font pas moins admirer que par leur courage, soit maintenue avec exactitude; que les ennemis soient poursuivis sans relâche et exterminés jusqu'au dernier. Que cependant la prudence des chefs préside à tous les mouvemens; assurez-les de notre confiance qu'ils ont si bien méritée, et prévenez les résultats désavantageux que l'ennemi va s'efforcer, sans doute par ses mensonges, de tirer de cette crise qui est tout entière au profit de la liberté, de la joie universelle et de la prospérité nationale.

» Carnot. »

vent et plus fortement surpris que les succès miraculeux des armées françaises, durant les premières années de la révolution. Quoique la nation se trouvât sur le cratère d'un volcan, en proie à la révolution la plus complète qui jamais ait ébranlé le monde; quoique toutes les branches du gouvernement subissent une organisation nouvelle; quoique la discorde civile se présentât sous les formes les plus effrayantes, non-seulement les armées françaises repoussèrent l'ennemi national, mais elles portèrent leurs drapeaux triomphans chez presque toutes les nations voisines; elles doublèrent l'étendue du territoire de la république; enfin elles dictèrent des conditions de paix qui changèrent en vassaux ses ennemis les plus fiers et les plus formidables.

» C'est au génie de Carnot qu'on devait la combinaison et les plans de ces succès gigantesques; il avait la direction absolue de la guerre, et non-seulement il organisait et distribuait le personnel et le matériel des troupes, mais il dirigeait lui-même les opérations des campagnes dont il était le créateur; il correspondait à la fois avec quatorze armées, sans employer de secrétaire.

» La révolution du 18 fructidor renversa Carnot qui s'exila volontairement. On dit qu'il avait entre ses mains les moyens d'opposer au pouvoir directorial une résistance qui, sans doute, se serait terminée par la chute de ce gouvernement; mais Carnot paraît avoir toujours redouté les discordes civiles, et dans cette circonstance, comme dans d'autres postérieures, il semble qu'il se soit imposé la loi de ne point travailler contre un gouvernement établi, quoiqu'il le désapprouvât, lorsqu'il pouvait en résulter la guerre civile dans sa patrie. Carnot se retira en Suisse, où il se livra paisiblement à l'étude des sciences et de la littérature, jusqu'au moment où Bonaparte, porté au consulat, le mit à la tête du ministère de la guerre : il en remplit les fonctions pendant la campagne de Marengo; mais peu de temps après les vues liberticides de Bonaparte commencèrent à se développer; Carnot donna sa démission, et ne quitta sa retraite qu'en 1802, lorsque le vœu de ses concitoyens l'appela au tribunat.

» Carnot montra dans ce poste important une opposition ferme et soutenue aux usurpations du pouvoir, et défendit les droits du peuple avec une hardiesse et une énergie dont on ne peut trouver d'exemple qu'aux temps glorieux des tribuns de l'ancienne Rome. Il vota contre le consulat à vie, et s'éleva seul contre l'érection du trône impérial.

» L'abolition du tribunat eut lieu en 1806, et Carnot se retira de nouveau, refusant son appui à un gouvernement destructeur de cette liberté qui lui coûtait tant de combats et tant de sacrifices. Pendant huit ans, il demeura dans une complète inaction jusqu'à l'époque (janvier 1814) où l'invasion des étrangers réveilla son courage patriotique : il offrit ses services pour la conservation du territoire français, et fut nommé gouverneur d'Anvers. Tout le monde connaît sa belle défense de cette ville. Ce ne fut qu'après l'établissement de Louis XVIII qu'il se soumit, ainsi que sa garnison, à l'autorité royale.

» Peu de temps après, Carnot remarqua le germe de ces empiètemens sur la liberté constitutionnelle, qui sont parvenus depuis à un degré si effrayant. Il présenta au roi son célèbre mémoire, dans lequel il signalait les abus, et prédisait les conséquences du système adopté par le gouvernement. Ses prédictions ne tardèrent point à s'accomplir, Napoléon quitta l'île d'Elbe. . . . .
. . . .
. . . .
. . . .
. . . .

Carnot fut, pendant les cent jours, ministre de l'intérieur, et ensuite membre du gouvernement provisoire. — Au retour du roi, Carnot fut le seul proscrit parmi les membres de ce gouvernement, sans doute parce qu'il était le seul vertueux, et après avoir publié une justification triomphante de sa conduite, il se retira à Magdebourg, ville qu'il a habitée jusqu'à sa mort.

» Dans cette esquisse rapide et nécessairement trop abrégée de la vie d'un homme extraordinaire, il est impossible de ne pas être frappé de l'unité admirable qui règne dans sa conduite, du stoïcisme et de l'intégrité de ses principes : son enthousiasme était trop élevé, trop pur pour son siècle et pour la nation au sein de laquelle il a vécu, et l'énergie, et les connaissances pratiques qu'il y joignait, se trouvent trop rarement unies à un tel enthousiasme. Carnot fut constant dans son amour pour sa patrie, cet amour porté jusqu'au sublime et qui n'était souillé par aucun sentiment d'ambition personnelle. Élevé par ses grands talens à une puissance que possèdent rarement les rois nés ce qu'ils sont, il ne fut point enivré de sa grandeur; l'exemple et les circonstances ne réussirent point à le corrompre. Après avoir joui d'un pouvoir absolu, il rentra dans la vie privée, sans murmure et probablement sans regrets, et dans la retraite de Cincinnatus il déploya des talens scientifiques et littéraires qu'on acquiert difficilement à moins d'en faire l'étude unique de sa vie.

» Modeste au faîte du pouvoir, inflexible envers la tyrannie, inébranlable dans l'adversité, cet homme, véritablement grand, nous offre le modèle de l'élévation du génie unie à celle de la vertu. Cet exemple admirable dans tous les siècles l'est bien plus encore dans le nôtre. Une retraite de quelques années suffirait-elle pour jeter sur sa gloire un nuage d'oubli? Nous ne le pensons pas, et nous espérons que, parmi ses compatriotes, il s'en trouvera qui élèveront un noble monument à sa mémoire, l'histoire de sa vie. Qu'en attendant il soit permis à notre faible voix d'apporter en tribut cet hommage sincere à ses talens et à ses vertus.»

(N° 45), *pag.* 197.

Nous terminerons nos citations par le portrait de Carnot extrait de la Biographie allemande du docteur Koerte.

« Carnot est d'une haute stature, et son maintien est plein de noblesse ; les traits de son visage sont expressifs et réguliers ; son front est large et élevé ; ses yeux bleus, vifs et remplis de sagacité ; son nez bien formé et un peu aquilin ; ses lèvres sont fines et sa bouche porte le trait d'une sérénité bienveillante. Il parle vite et avec feu ; son élocution est toujours claire, ornée de saillies et d'un charme entraînant. Souvent les muscles de son front mobile semblent exprimer d'avance ses pensées. Il s'épanche volontiers dans la conversation : et quoique sa bouche paraisse être sous la surveillance d'un œil pénétrant, cependant l'étranger lui-même recueille plus qu'il n'oserait attendre. L'expression de son visage est un paisible sentiment de lui-même; ingénieux, moins circonspect que plein d'assurance, point défiant, mais scrutateur. Souvent son front décèle un mouvement subit de vivacité; mais le calme de ses yeux est inaltérable, et l'agrément de sa bouche n'est jamais troublé.

» Après avoir étudié sa vie, voici l'idée que l'on prend de son caractère. Carnot est un homme juste et vertueux, simple et modéré dans ses besoins; grand, sublime dans ses conceptions pour la gloire de sa patrie; amant idolâtre de la liberté et citoyen soumis aux lois; animé d'un zèle ardent pour les sciences, il cultive la poésie avec enjouement et sans prétentions; ami des plaisirs avoués par le sage, il est infatigable et plein d'ordre dans les affaires; d'une justice exacte, sans acception de personnes; patient et indulgent envers les autres, il est sévère envers lui-même; désintéressé jusqu'au scrupule, et n'ayant d'autre pensée que celle du bien public; audacieux dans la guerre, courageux avec sang-froid, doué d'une admirable présence d'esprit ; comme César il oublia tous les outrages, et ne les vengea point ainsi que Napoléon ; mais on ne le vit jamais perdre de vue l'homme qui lui avait rendu service. Tout désir de fortune ou de puissance lui étant étranger, la loyauté la plus délicate avait pris racine dans son ame, la feinte et l'orgueil ne lui étaient connus que de nom. Modeste dans la prospérité, il se montra grand, inébranlable dans les revers. Son ambition est pure, elle ennoblit tous les degrés de l'échelle qu'il monta et descendit tour à tour ; doué d'un sens exquis pour l'*honneur*, il n'en avait point pour les *honneurs* ; les dignités ont moins versé d'éclat sur lui qu'il n'en a versé sur elles : après avoir été membre de l'Assemblée nationale, de la Convention et du Directoire, lieutenant-général, ministre de la guerre et de l'intérieur, comte et pair de France, grand-officier de la Légion-d'Honneur et membre de la première classe de l'Institut, nous le voyons aujourd'hui dépouillé de toutes ses dignités, proscrit et jouissant d'une fortune extrêmement bornée ; nous le voyons, dis-je, l'objet de l'estime et de la vénération de tous les hommes éclairés, de tous les amis de la gloire et de la vertu, des sciences et de la liberté, l'objet des regrets et du juste orgueil de sa patrie. »

FIN.

TABLE ANALYTIQUE
DES MATIÈRES.

Avant-propos. I

Notice sur Carnot, par M. Tissot. . . . . j

Détails sur la famille de Carnot et sur la première éducation qu'il reçoit au collége d'Autun. 1

Son admission dans le corps du génie. . . . 3

Il remporte un double prix proposé par l'Académie de Dijon pour l'éloge de Vauban. . . . 11

Le prince Henri lui offre de prendre du service en Prusse. 14

Révolution française, états-généraux. 18

Carnot embrasse la cause du peuple. 20

Il est nommé député à la première législature par le département du Pas-de-Calais. . . . 22

Il est réélu à la seconde assemblée. 30

Catastrophe du 20 juin 1792. 34

Journée du 10 août. Carnot se rend en qualité de commissaire au château et à l'Hôtel-de-Ville. 35

L'Assemblée décrète la suspension du pouvoir royal. 36

Mission de Carnot à l'armée du Rhin et à l'armée de réserve. 37

Sa présentation à la société des jacobins. . . . 39
Il propose le premier d'armer les citoyens. . . 41
L'Assemblée, sur son rapport, décrète une fabrication de piques dans toute l'étendue du royaume. 42
Son opinion sur l'obéissance passive et la discipline. 43
Carnot est envoyé aux Pyrénées pour y organiser des moyens de défense contre l'Espagne. . . 47
Son vote dans le procès de Louis XVI. . . . 49
Sa mission à l'aile gauche de l'armée du Nord. 50
Il enlève la ville de Furnes. 52
Il est chargé de la levée de 300,000 hommes. . . 53
Carnot est rappelé dans le sein de la Convention, et nommé membre du comité de salut public le 14 août 1793. 53
Il propose d'attaquer l'armée autrichienne qui bloque Maubeuge, et part pour exécuter son plan. . . . . Id.
Attaque de Wattignies. 57
Le blocus de Maubeuge est levé. 59
Conduite de Carnot au comité de salut public. . Id.
Établissement du cabinet historique et topographique. 72
Carnot crée l'Ecole Polytechnique. 77
Il est nommé, après la mort de Lagrange, membre du conseil de perfectionnement. 78
La Convention l'élève deux fois à la dignité de président. 79

DES MATIÈRES.   391

Il est nommé par quatorze départemens à la nouvelle législature, prend place au conseil des anciens, puis est nommé membre du directoire exécutif. 80
Réforme de vingt-trois mille officiers. 81
Campagne d'Italie, préliminaires de Léoben. . 84
Pacification de la Vendée. 86
Bonaparte et Carnot se prononcent pour la paix. 97
Éclaircissement sur le 18 fructidor. . . . . *Id.*
Carnot, proscrit, se retire en Suisse. 106
Il est forcé de se réfugier en Allemagne, et publie sa réponse au rapport de Bailleul, sur le 18 fructidor. 107
Révolution du 18 brumaire. Carnot, rappelé, entre au ministère de la guerre. 111
Bataille de Marengo. 113
Carnot donne sa démission. 114
Il s'oppose seul au tribunat à l'érection du trône impérial. 119
Sa sortie du tribunat. 128
Il est nommé membre de l'Institut national. . 129
Le département de la Côte-d'Or le nomme candidat au sénat conservateur. 133
Son entrevue avec l'empereur. 134
Revers de la France. Carnot offre ses services à l'empereur. Sa lettre en date du 24 janvier 1814. 135
Il est nommé gouverneur d'Anvers. 136
Défense d'Anvers. 137
Lettre du général Bulow à Carnot. 144

Réponse de Carnot. 147
Lettre du prince royal de Suède. 148
Réponse. 149
Ordre du jour. 17 avril. 152
Proclamation. 18 avril. 154
Carnot fait ses adieux aux habitans d'Anvers, et quittela ville, qui est remise le lendemain aux ennemis. 158
Mémoire au roi. Conduite du ministère. . . . 163
Retour de l'empereur en 1815. 169
Carnot ministre de l'intérieur. 170
Il établit en France des écoles d'enseignement mutuel. 174
Waterloo. 177
Carnot conseille à Bonaparte de craindre l'Angleterre et fuir en Amérique. 179
L'armée sous les murs de Paris. 182
Carnot membre de la commission de gouvernement. 184
Carnot est porté sur la liste des proscrits. . . 188
Accueil que lui font les Polonais à Varsovie. . 189
Il se retire à Magdebourg. 193
Mort de Carnot. 196

Lettres de Carnot, et autres documens historiques. Sa profession de foi. 198
Lettre de Buffon et du prince Henri de Prusse à Carnot. 201
Lettre de Carnot au docteur Koerte. 202

DES MATIÈRES. 393

Rapport fait à la Convention le 12 janvier 1793.	206
Proclamation à l'armée du Nord.	214
Correspondance avec les quatorze armées.	218
Anecdotes sur Carnot.	226
Opinions de Dumouriez et de Thibaudeau sur Carnot.	231
Carnot au général Jourdan.	236
Le Directoire-Exécutif à S. M. l'Empereur et Roi.	243
Bonaparte à Carnot.	251
Retour à ma chaumière.	254
Carnot au général en chef Bonaparte.	255
Détails sur la journée du 18 fructidor.	259
Carnot à Masséna.	269
Carnot au général Moreau.	281
Discours prononcé par le citoyen Carnot, ministre de la guerre, à la cérémonie de la translation des cendres de Turenne au temple de Mars.	285
Le ministre de la guerre au citoyen Latour-d'Auvergne.	293
Carnot au général Moreau.	295
Carnot au général Moreau.	298
Carnot au général Menou.	301
Le secrétaire-d'état H. Maret au citoyen Carnot.	302
Rapport fait aux consuls.	304
Compte pécuniaire de ma mission à l'armée du Rhin.	307
Extrait des minutes (pension de 10,000 fr. accordée à Carnot).	310

Le ministre de la guerre à M. le général Carnot, gouverneur d'Anvers. 311
Le général Carnot, gouverneur d'Anvers, à S. Exc. M. le comte Dupont. 313
Gouvernement d'Anvers. 317
Réponse des Anversois au gouverneur. . . . 318
Arrêté portant création d'une monnaie de siége. 320
A M. Beugnot, directeur-général de la police. 325
A M. Beugnot, les deux frères du général Carnot. 330
Lettre de Carnot à ses frères. 331
Acte additionnel. Dispositions proposées par Carnot. 332
Quatre mai 1815. A l'Empereur. 335
Rapport à l'Empereur. 338
Décret. 348
Carnot aux préfets. 349
Société libre des amis de la patrie et de l'humanité.. 351
Lettre du duc de Vicence à Carnot. 361
Lettre adressée à Carnot le 11 juillet 1815. . 362
Réponse de Carnot. 364
Extrait de l'exposé de la conduite politique de Carnot. 366
Le Rêve (mis en musique par Romagnesi). . 370
Justice rendue à Carnot, par l'*Examiner,* journal anglais. 371
Portrait de Carnot, extrait de la Biographie allemande du docteur Koerte. 385

FIN DE LA TABLE.

OUVRAGES NOUVEAUX

Sous presse pour paraître incessamment.

LA FRANCE ET LE MINISTÈRE; par N. de Salvandy; in-8°.

GUERRES DES VENDÉENS ET DES CHOUANS CONTRE LA RÉPUBLIQUE FRANÇAISE, ou *Annales des Départemens de l'Ouest*, d'après les actes et la correspondance du comité de salut-public, des ministres, des représentans du peuple en mission, des agens du gouvernement, des autorités constituées; des généraux Berruyer, Biron, Canclaux, Rossignol, Santerre, l'Echelle, Kléber, Marceau, Turreau, Moulin, Hoche, etc.; et les réglemens, proclamations, et bulletins du conseil supérieur et des chefs des Vendéens et des Chouans, etc.; 5 vol. in-8°.

Cet ouvrage paraîtra par deux volumes.

JOURNAL ANECDOTIQUE DE MADAME CAMPAN, ou *Souvenirs de Mantes*, suivis de sa *Correspondance avec son Fils*; 1 vol. in-8°.

LE GILBLAS DE LA RÉVOLUTION; par M. Picard de l'Académie française; 5 vol. in-12, avec gravures.

SINGULARITÉS DE L'HISTOIRE DE PARIS; par Dulaure; 1 vol. in-8°.

www.ingramcontent.com/pod-product-compliance
Lightning Source LLC
Chambersburg PA
CBHW050918230426
43666CB00010B/2219